国家自然科学基金项目（No.71672189）

"可持续供应链的战略匹配机制：环境、企业、个人跨层研究

U0671372

The Fit Mechanisms of Agricultural Supply Chain Strategies:
Tracing the Development of Listed Companies in Agricultural Industry

农产品供应链战略匹配机制：
追踪农业上市公司的发展轨迹

于亢亢◎著

经济管理出版社
ECONOMY & MANAGEMENT PUBLISHING HOUSE

图书在版编目（CIP）数据

农产品供应链战略匹配机制：追踪农业上市公司的发展轨迹/于亢亢著. —北京：经济管理出版社，2020.6

ISBN 978 - 7 - 5096 - 7201 - 3

Ⅰ.①农…　Ⅱ.①于…　Ⅲ.①农产品—供应链管理—研究—中国　Ⅳ.①F724.72

中国版本图书馆 CIP 数据核字（2020）第 099350 号

组稿编辑：张巧梅
责任编辑：张巧梅
责任印制：黄章平
责任校对：陈晓霞

出版发行：经济管理出版社
　　　　　（北京市海淀区北蜂窝 8 号中雅大厦 A 座 11 层　100038）
网　　址：www. E - mp. com. cn
电　　话：（010）51915602
印　　刷：三河市延风印装有限公司
经　　销：新华书店
开　　本：720mm × 1000mm/16
印　　张：13. 25
字　　数：230 千字
版　　次：2020 年 8 月第 1 版　　2020 年 8 月第 1 次印刷
书　　号：ISBN 978 - 7 - 5096 - 7201 - 3
定　　价：78. 00 元

自 序

2019 年末，初雪后的北京越来越冷，但独喜欢北方的冬天，苦寒萧瑟之后万物生发。十年前离开这里时也是同样的季节，远渡重洋去赤道另一边感受骄阳。当一切未知的时候，不只是因不确定而忐忑，还有对各种可能性的憧憬。随境而迁，大概是那个时候就开始领悟到柔性的重要性，这个关键词也伴随着我在学术历程上上下求索。

漫漫长路遇良师，我是何其幸运。进入供应链这个领域，特别感恩宋华教授的教诲，他是如此勤奋的学者，脚步从未停歇，从服务供应链到供应链金融的十年，不断登攀却初心不变。从老师那里，我获得的不仅是知识，还有对待知识的态度：保持对问题最本源的好奇心，执着于背后的真实原因。不管环境如何变化，心向往之皆是自由，大洋彼岸我的另一位恩师 Jack Cadeaux 教授将这种态度变成了信念。此刻，我才意识到这本书只是一个开始，它告诉你这个客观世界的色彩斑斓，但是并未完全揭示内心主观世界可能发挥的关键作用。

如果非要让我来讲讲它的不同之处，我想应该是展现了一个交叉领域的心路历程。跟随宋老师我熟悉了供应链管理的核心理念，从 Jack Cadeaux 教授那里我领悟了战略和营销的思维方式，但当我站在农业经济管理的大门外，我的内心是有些迷茫的。这是一个异常复杂的情境，一头是面朝黄土背朝天的农民，另一头是现代市场自主决策的消费者，中间还夹着各种类型的核心企业与渠道商，从何讲起？其实是走了一条捷径，花了这七八年的时间给能采集到的信息建立了一个库，每年带着研究生一起添砖加瓦。从第一个研究生冯雪开始，尝试文本分析挖掘供应链柔性在农业与食品上市企业中的表征；到与研究生刘佳宁增加了质量认证数据，试图建立与供应链整合、柔性的关联，与研究生张帆实现了文本分析更高效的方式，并且探索环境的权变因素；再到与研究生陈正昊、申晓怡、赵云对供应链质量管理、供应链创新与柔性关系的研究，进一步丰富了数据和理论；最后与现在的研究生聂佳灏、吕娜继续对供应链网络、柔性与弹性的探索。至此，初步建构出农产品供应链"环境—结构—战略"的匹配模型。所以，要感谢与我一路同行的同学们，与我拨开云雾见月明。此外，还有他们早已熟悉的"二导师"我的师兄骆南峰、我的师妹钱程两位同道中人，感谢彼此的默契，从悉尼到北京未曾改变。

最后，感谢我的家人对我的支持，从挥手送我留学，到怀抱我的儿子，无私奉献，才有我在床边撰文，儿子鼾声入眠。

敬岁月！

于亢亢

于 2019 年冬夜

目 录

理 论 篇

概 念 篇

理　论　篇

第一章　供应链与农产品供应链研究

第一节　农产品供应链的概念

1. 农产品供应链

供应链是围绕核心企业，遂过对信息流、物流、资金流的控制，从采购原材料开始，到生产中间产品以及最终产品，最后由销售网络把产品送到消费者手中正向的和逆向的整体运行系统，它将供应商、制造商、分销商、零售商直到最终用户连成一个整体的功能网链结构模式。它是一个范围更广的企业结构模式，它包含所有加盟的节点企业，从原材料的供应开始，经过链中不同企业的制造加工、组装、分销等过程直到最终用户（见图1-1）。它不仅是一条连接供应商到用户的物料链、信息链、资金链，而且是一条增值链，物料在供应链上因加工、包装、运输等过程而增加其价值，给相关企业都带来收益。

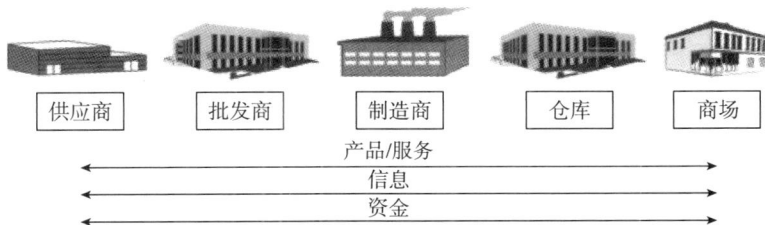

图1-1　供应链示意图

资料来源：宋华，于亢亢. 物流与供应链管理（第三版）. 北京：中国人民大学出版社，2017.

　　与其他供应链一样，农产品供应链指的是为了满足消费者需求，而生产新鲜的农产品或者加工食品并送达终端消费者这一过程中的不同渠道参与者共同合作所形成的供应链网络，该网络同时产生了产品流、现金流和信息流（Van der Vorst，2000；Bijman，2002；Aramyan et al.，2005），简单地说就是农业产品从农场到餐桌的生产、分销过程。对于新鲜农产品的供应链（例如新鲜的蔬菜、花卉、水果），这种类型的供应链由种植者、批发商、进口商、出口商、零售商、专卖店等组成，其中涉及加工、储存、包装、运输、贸易等环节；而加工食品（如零食、甜点、罐头）这些供应链中的农产品被用作生产消费品的原材料，往往附加值很高，而储存和加工的过程可以延长农产品的上架周期。以上概念表明农产品供应链与其他供应链在形式和结构上是大体相似的，都是由供应商、加工商、分销商、销售商以及终端消费者等供应链上各环节的成员之间相互作用所形成的复杂网络系统。国内学者冷志杰（2006）总结出农产品供应链的四种组织模式：①以农产品企业为核心的供应链整合模式；②以农产品加工企业为核心的供应链整合模式；③以物流中心为核心的农产品供应链整合模式；④以营销企业为核心的农产品供应链模式。

　　但是，农产品供应链相比其他类型的供应链而言，其面对的风险更高，特别是来自产品质量和安全方面的风险（Salin，1998；Manzini et al.，2014；Marucheck et al.，2011；Prakash et al.，2017；Rijpkema et al.，2014），这也是核心成员关系变化的关键驱动力之一（Fearne，1999）。第一，农产品供应链所关注的自然产品部分是基于生物的加工过程，因此具有很多特定的属性，如易腐性，如果加工不当很容易对消费者产生伤害（Akkeman et al.，2010；Aramyan et al.，2005）。第二，农产品供应链的链条很长，横跨多种产业，而且合作伙伴之间的依赖度非常强，伴随着全球化的趋势，这种结构会面对更高的风险（Roth et al.，2008；Trienekens and Zuurbier，2008；Whipple et al.，2009），从单一功能如食品生产变成了复杂的供应链系统（Zhong，Xu and Wang，2017）。第三，农产品供应链的特点还包括短暂的上架时间、严苛的运输条件、需求和价格的动态和多样性等，也就是说在最终消费之前，外界环境的不确定性会导致食品和农产品在供应链中很容易在短时间内就发生变化（Ahumada and Villalobos，2009；Blackburn and Scudder，2009；Akkerman，Farahani and Grunow，2010；Aiello，La Scalia and Micale，2012），特别是对于易腐产品，这些因素都使农产品供应链既复杂又难以管理（Siddh et al.，2017）。

2. 农产品供应链管理

所谓供应链管理，就是为了满足顾客的需求，规划和管理供应采购、生产、营销和所有物流活动，尤其是渠道成员的协调和合作，包括供应商、中间商、第三方提供商、客户等，从本质上讲，供应链管理是对企业内外供应和需求的全面整合。供应链管理的范围包括物流管理、生产运营管理、营销管理、产品规划、资金管理、信息技术的协调等活动，管理对象是在此过程中所有与商品流动及信息流动有关的活动和相互之间的关系。

当研究者或者管理者讨论供应链发展潜力的时候，需要通过一个框架来描述供应链、供应链的参与者、流程、产品、资源和管理，以及这些要素间的关系和属性。根据 Lambert、Cooper 和 Pagh（1998）的研究框架（见图 1-2），可以梳理出管理要素，并运用它们描述、分析和开发一个具体的农产品供应链网络。首先，界定供应链网络的范围，描述网络的主要参与者或行为者，他们扮演的角色，以及所有的构成网络的全部配置和制度安排。关键是分清哪些成员对企业和供应链的成功有决定性作用——与供应链目标相符——并因此给予管理的关注力和资源。其次，是结构化、标准化的业务活动，旨在为特定的客户或市场生产特定的产品（包括各种类型的有形产品、服务和信息）。按照在供应链中的物流过程（如操作和配送），将业务流程加以划分，如新产品开发、营销、财务和客户关系管理。最后，是网络中的协调和管理结构。该功能通过网络中的参与者促进业务流程的实体运作和执行，并利用供应链资源实现供应链网络既定的绩效目标。

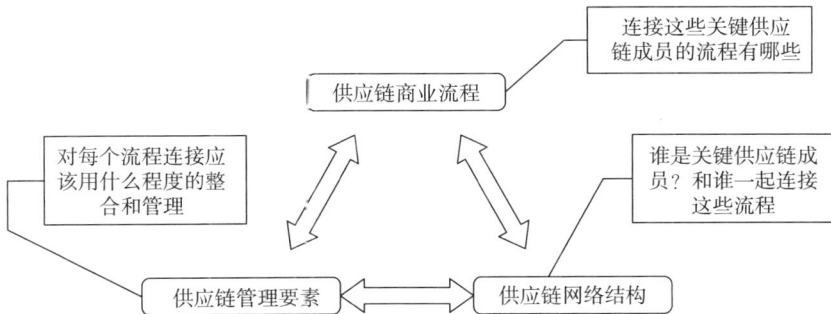

图 1-2　供应链管理框架

资料来源：Lambert, D. M., Cooper, M. C., Pagh, J. D. Supply chain management: Implementation issues and research opportunities. International Journal of Logistics Management, 1998, 9 (2): 1-19.

如前所述，相比于传统的供应链，农产品供应链的主体更加复杂，物流管控难度也更高，其时效性和安全性要求也非常高，为实现对农产品生产的全程透明和可追溯，提出了"透明农产品供应链"这一概念，即以保证食品质量与安全为目的，通过供应链企业的组织创新、管理创新与技术创新，使农产品从原材料生产到终端消费全过程处于严格的监控之中，农产品供应链所有利益相关者对他们所需求的农产品质量安全相关信息能在没有信息丢失、噪声、延迟和失真的情况下给予理解，并能实现有效获取。而在现实过程中，信息不对称则常贯穿于整条农产品供应链始末（Angkiriwang R et al.，2014），从而对企业的农产品供应链的整体结构和管理战略提出了更高的要求。在经营环境剧变时，一方面，企业需大力整合上下游资源，通过全面获取上下游信息，积极实现信息共享，减少信息延迟，快速、准确地响应市场变化，形成自身竞争优势，提升企业绩效（Grant，1996）；另一方面，企业必须保持极强的环境适应能力，具备高度的灵活性，根据已有的内部结构积极调整经营战略，从而获取较高的经营绩效（Byoun，2008）。因此，在农产品供应链中，战略的制定与结构的整合还需要考虑特定的环境条件，这样才能使企业在日益激烈的行业竞争中处于领先地位。

第二节　农产品供应链的研究框架

1. 农产品供应链的研究趋势

相比于其他供应链，农产品供应链更容易受损，这主要是由外部环境和内部环境的不确定性造成的（Can Eksoz et al.，2014）。其中外部环境的不确定性包括经济因素、突发事故、季节性因素和促销因素等（Bourlakis and Weightman，2004），而内部环境的不确定性则可以归纳为不健全的组织机构，例如缺乏数据、不健全的信息系统等，这些因素都有可能造成季节性或易腐烂的食品受损。以上理论表明农产品供应链容易受到环境不确定性的影响，提升供应链柔性和弹性可以更好地应对外部环境的变化和供应链的中断（Henry et al.，2018；Manders，Ganiëls and Ghijsen，2016；Manning and Soon，2016）。也有学者指出，跨部门的合作（例如整合市场部和产品部）对于提升供应链柔性水平和产品质量的作用是显而易见的（Paiva，2010）。热比亚·吐尔逊、宋华和于亢亢（2016）识别了食品供应链安全管理的两个关键维度——内部供应链安全管理和外部供应链安全管理：内部供应链安全管理是指通过企业不同职能部门之间的协作，执行和控制采购、生产、质量管理等活动，防止供应链中断或风险，保证供应链安全、持续运营的行为；外部供应链安全管理主要强调企业与外部上下游组织之间的协同与合作，这种供应链的纵向协调是保证食品质量安全、降低各项交易成本和风险的重要组织形式。这些国内外的研究都表明了对于农产品供应链而言，提升供应链柔性和整合程度有助于提升其应对环境不确定性的能力。

在农产品供应链中，提高质量和安全管理对于未来企业的发展和食品消费来讲都是至关重要的。一方面，通过官方认证，取得质量安全证书的食品，能够提高供应链中各环节对最终产品的信任度，也能够加强农产品供应链中各部门间的主动重组，这使在质量管理实践中，信息更加地透明顺畅，完善了贯穿于供应链中的可追溯系统，减少了食品在设计、生产、服务等流程中存在的不确定性，并提高了供应链结构上的一体化程度（Alessandro et al.，2013）；另一方面，在农产品供应链中，各部门间的整合需要部门间充分的沟通交流，实现信息的充分准确流动，在各部门各司其职的同时，信息沟通的顺畅可将包括设计、生产、服务等环节的可追溯系统更连贯地贯穿于各部门之间，这不仅降低了信息不对称带来的负面影响，而且也减少了企业的交易成本。有研究表明有效的可追溯系统与农产品的质量和安全密切相关（Manikas and Manos，2009；Manikas et al.，2010），因此，各部门间的信息整合间接地完善了农产品质量检测机制，促进了企业的质量管理实践，提高了企业生产农产品的质量和安全（Matthew et al.，2005；陈瑞义等，2013）。在 Zhong、Xu 和 Wang（2017）的文献综述中，表明近年来在食品供应链领域研究数据驱动的信息系统的文献逐年增加（见图 1－3）。表 1－1 列举了一些典型研究中与信息流相关的观点，研究者普遍认为信息技术、可追溯系统提升了农产品供应链的透明度，进而提升了质量和安全管理水平。

农产品供应链管理是指对农产品生产的原料供应、生产加工、产品物流和销售等环节参与者的关系管理（Johnson and Hofman，2004）。大量研究都表明农产品供应链中的合作关系能够降低不确定性和复杂性，在保持柔性的同时减少风险。例如，Hughes 和 Merton（1996）基于对英国生鲜农产品的产业分析，提出大型零售商越来越关注和关键供应商之间建立长期关系。Matopoulos 等（2004）指出了农产品供应链中合作的障碍，主要是关于产业的复杂性和异质性的结构，特别是与大量的特殊的成员相关联，它们之间的交互异常复杂。国内学者如冷志杰

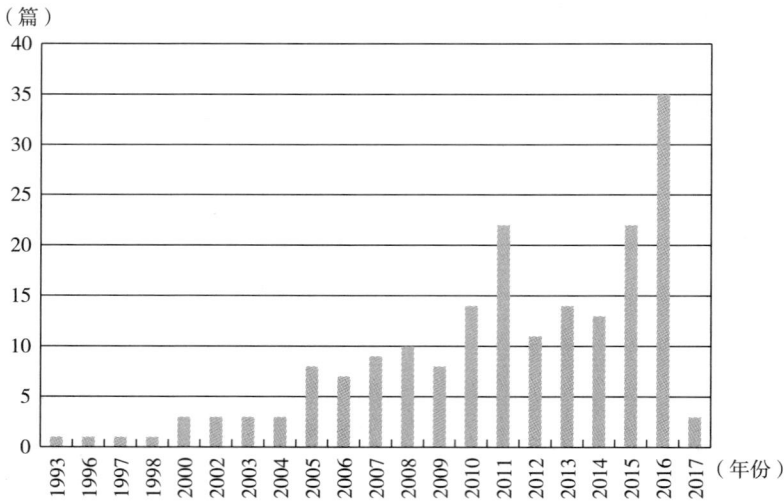

图 1-3 食品供应链文献综述中与数据驱动的信息系统相关的文章数量

资料来源：Ray Zhong, Xun Xu, Lihui Wang. Food supply chain management: Systems, implementations, and future research. Industrial Management & Data Systems, 2017, 117（9）：2085-2114.

表 1-1 食品供应链文献综述中与信息流相关的观点

文献	核心问题	关于信息流的观点
Gorton 等（2006）	供应链破坏和信息不对称	供应链破坏是农民和加工商之间的信息不对称导致的市场失灵，因此成功的供应链应该要求供应商和买方都具有评估质量的能力，以此规避逆向选择
Manning 等（2006）	质量保证模型和整合食品供应链	质量保证模型的机制可以在整合食品供应链中有效实施
Banterle 和 Stranieri（2008）	供应链关系和可追溯系统	可追溯是关于重组纵向关系中的内部标准，是基于信息流的系统
Roth 等（2008）	食品供应链质量管理的框架	开发了包括可追溯、透明度、可检验、时间、信任、培训要素的框架，总目标是降低食品供应链的风险
Sanfiel-Fumero 等（2012）	纵向关系和食品可追溯	食品信息由多方参与者处理，产品的可追溯性依赖于网络的透明度
Jie 等（2013）	合作和质量	改善信息质量和信任的管理行为会提高食品质量和响应度，最终提高竞争优势

文献	核心问题	关于信息流的观点
Aung 和 Chang（2014）	可追溯和质量管理	完善的内部可追溯系统对质量管理很重要
Ting 等（2014）	质量系统和可持续食品供应链	供应链质量可持续决策支持系统被用来计划和监控供应链网络中的质量保障活动
Schoenherr 等（2015）	关系网络和食品安全保障	非正式网络产生产业知识，有利于监测食品污染，而正式关系网络影响供应链知识，也有利于监测食品污染
Fu，Han 和 Huo（2017）	信息共享的影响因素	农户对农业企业的依赖影响农户对农业企业的信任和承诺，最终影响他们之间的信息共享

资料来源：Hua Song，Rabia Turson，Anirban Ganguly，Kangkang Yu. Evaluating the effects of supply chain quality management on food firms' performance：The mediating role of food certification and reputation. International Journal of Operations & Production Management，2017，37（10）：1541 – 1562.

（2007）基于现有的供应链发展，总结出农产品供应链的独特集成过程：从市场自发集成到基于并购的一体化集成，再到基于合作的核心企业集成，直至基于伙伴关系的战略联盟集成。更多的研究者则强调了稳定、协调、互利的供应链合作伙伴关系是优化农产品供应链的关键，因此，提高农产品供应链的竞争力，关键是在各节点之间建立起双赢的合作机制，产生协同作用（浦徐进，2010）。Dania、Xing 和 Amer（2018）在对农产品供应链的文献综述中，通过文本分析聚类出十个有利于构建有效合作系统的行为因素，包括共同投入（Joint Efforts）、共享活动（Sharing Activities）、合作价值（Collaboration Value）、适应性（Adaptation）、信任（Trust）、承诺（Commitment）、权利（Power）、持续改进（Continuous Improvement）、协调（Coordination）、稳定性（Stability）。

2. 本书的研究内容

目前国内外关于农产品供应链的研究主要集中在供应链柔性、整合、信息、合作等方面，以提升质量管理水平，应对外部环境变化。虽然学者们逐渐认识到，在农产品需求经济时代，经营环境快速变化，但是，早期研究仍停留在效率阶段上，往往孤立企业的战略和行为，缺乏系统的分析，特别是很少涉及企业与外部环境的互动。本书将立足于快速反应阶段，探究农业企业在不断变化的环境中对农产品供应链结构与战略变革的迫切需求。

研究内容一：农产品供应链环境与柔性战略之间的匹配关系。对于农业企业来说，近年来非农投资涌入使农业供给环境发生了很大变化，加之"供给侧结构性改革"概念的提出、消费者对食品质量提高的需求等都表明农业目前的环境变动非常剧烈。同时，由于农业生产的季节性，部分农产品易腐易变的特性使农产品供应链相比于普通供应链的链条更复杂。然而，现有研究对农产品供应链的外部环境的关注较少，特别是如何应对这种不确定的情境仍然没有清楚的答案。因此，研究如何调整农产品供应链的运营战略来适应外部环境变化这一主题不仅是对传统权变理论的扩展，同时也具有一定的现实意义。

研究内容二：农产品供应链整合与柔性战略之间的匹配关系。如研究一所述，很多企业面临着客户需求多样、食品安全事件频发、产业政策调整等多种问题。很多企业正在尝试通过调整供应链中的生产和服务流程来应对环境的不确定性，而已有研究也认为供应链柔性是企业应对环境不确定性的核心能力。但是，企业应该构建怎样的供应链组织管理体系，才能更好地获取资源，从而发展这种能力，在现有研究中，特别是农产品供应链的研究中并不清晰。因此，研究二主要探索农产品供应链背景下，供应链整合、供应链柔性和企业运营绩效之间的关系。

研究内容三：农产品供应链整合与质量战略之间的匹配关系。进入 21 世纪以来，农产品食品质量安全问题频发，已成为当前社会焦点问题之一，同时也引起了学术界的高度关注。很多企业通过整合供应链上下游资源来建立可追溯的信息系统，优化质量管理模式，提高质量管理效率，促进农产品安全，从而在复杂多变的行业环境中保持竞争优势，在提高经营绩效的同时赢得消费者的信任。因此，研究三主要是探讨农产品供应链整合与质量管理战略之间的关系，以及环境不确定性的作用。

研究内容四：农产品供应链整合与创新战略之间的匹配关系。我国农业上市公司数量较少，收入规模和利润率偏低，抗风险能力差，综合表现与其应有的地位不相符。一方面是因为农业企业面临着自然和市场双重风险；另一方面是因为农业企业普遍存在供应链条薄弱、创新能力不足等问题，限制了其盈利能力和企业价值的提升。现有文献表明供应链创新能够正向影响企业绩效，但已有研究对其具体的作用类型和机制少有深入探讨。为此，研究四基于我国农业上市公司的发展特点，结合供应链创新的研究视角，研究不同类型的供应链创新对公司绩效的影响，以及供应链整合程度发挥的作用。

第三节　农产品供应链的研究方法

1. 供应链的研究方法

通过对近年来运营与供应链管理领域的国际期刊中应用的研究方法进行统计，总的来看，问卷调研、质性研究、数学模型排名前三位，占据供应链研究的主导地位，而二手数据、文献综述、混合研究近年来的比重也处于上升趋势，实验设计作为新兴的研究方法也逐渐引起关注。但是，实证研究方法在物流与供应链管理研究中占有绝对的优势地位。Soni 和 Kodali（2012）对供应链管理领域的实证研究进行了系统综述，如图1-4至图1-6所示，实证研究中的数据收集方法仍然以问卷和访谈为主，无论是理论建构的还是理论证明的目的，定量研究方法都是最主要的，而分析技术中的描述性统计、因子分析、回归分析、结构方程应用的最多。

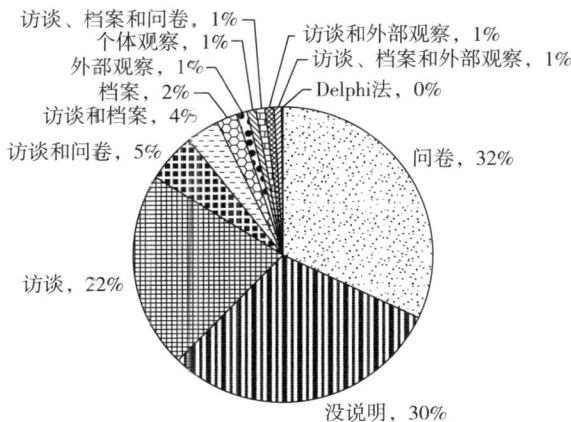

图1-4　供应链管理实证研究中的数据收集方法（N=619）

资料来源：Soni, G. & Kodali, R. A critical review of empirical research methodology in supply chain management. Journal of Manufacturing Technology Management, 2012, 23 (6)：753-779.

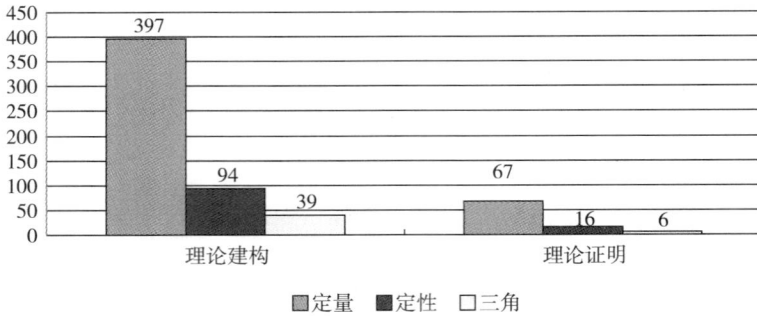

图1-5　供应链管理中理论建构和理论证明研究中的方法（N=619）

资料来源：Soni, G. & Kodali, R. A critical review of empirical research methodology in supply chain management. Journal of Manufacturing Technology Management，2012，23（6）：753-779.

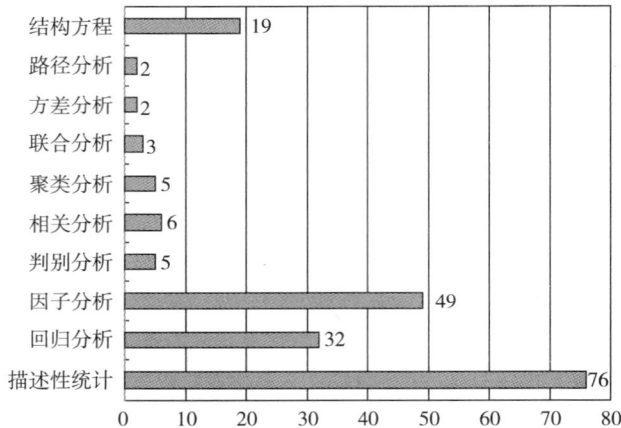

图1-6　供应链研究中的实证分析技术（N=619，剩余为其他方法）

资料来源：Soni, G. & Kodali, R. A critical review of empirical research methodology in supply chain management. Journal of Manufacturing Technology Management，2012，23（6）：753-779.

虽然一手数据分析在物流与供应链研究中很受欢迎，但是二手数据方法显然被忽略了。物流与供应链现象的实证研究多是通过问卷调研和案例研究来收集数据，而很少使用其他方法。Rabinovich 和 Cheon（2011）在对 *Journal of Business Logistics* 从 2009~2010 年发表的文章综述中发现，76% 的文章都是实证研究，而其中只有 21% 所使用的方法应用了二手数据，而另外的 62% 都是使用了问卷调研和案例研究作为核心的研究方法。而且，超过半数基于问卷调研的文章和其他文章的数据来源有重复。

如表 1 - 2 所示，二手数据具有很多优势，而且可以应用在很多领域，例如运输网络、市场趋势和政策（档案）、运输经济（模拟）、库存管理（文本分析）、产业组织和竞争动态（事件研究）、订单履行和分销（元分析）、运输安全性（地理信息系统）等。2011 年 *Journal of Supply Chain Management* 的一期专刊是针对物流与供应链领域的二手数据应用的。例如 Roy（2011）提出了从问卷数据库中建构理论的方法步骤，并且举例说明了买卖双边关系中的创新发生机制，所运用的就是 IMP（Industrial Marketing and Purchasing）问卷数据库。又如 Busse（2011）也是应用二手数据分析对物流服务提供方创新进行的研究，数据主要来自 2006～2008 年针对德国企业创新行为年度调研的数据库 MIP（Mannheim Innovation Panel）。Modi 和 Mabert（2011）的研究时间跨度更长，在 1987～1996 年的十年间，他们对制造业企业财务报表中的信息和专利引用数据进行长期分析，由此探索高效的供应链管理和企业创新之间的关系。

表 1 - 2　二手数据方法的优势

研究步骤	优势
数据来源和成本	相对大量的数据可以获取； 数据收集中占用相对较少的资源
数据收集和真实性	由于研究者的先验认知和偏差造成数据收集过程有误的机会很小
数据分析和有效性	内部有效性很高，原因是测度和统计指标是由第三方构建的，而且是来自较少有偏差的数据库； 当数据是公开获得的时候，重复验证的机会就会很多

资料来源：Rabinovich, E., Cheon, S. Expanding horizons and deepening understanding via the use of secondary data sources. Journal of Business Logistics, 2011, 32（4）：303 - 316.

2. 本书的研究方法

本书主要选择食品饮料加工行业的上市公司作为样本，原因主要有以下几点：

（1）食品饮料业的行业特征与本书主题非常符合。食品饮料行业作为一个"食品安全事故"频发的行业，同时也是一个外部性极高的行业，风险相比其他行业更为突出，危害性和危害范围也更大。因此，食品饮料行业内的企业对于风险是十分重视且敏感的。同时，食品饮料行业内的企业近年来的网络结构变动较大，符合本书研究的背景。

（2）对于食品饮料行业来说，本书的研究结果更加有效。相较于其他行业，食品饮料行业供应链复杂且与农业关系密切，同时考虑到食品饮料业的强外部性，食品饮料业对产品的质量和稳定性要求极高，风险管理对于企业管理来说尤为重要。再加上近几年市场集中度的增强趋势，变化明显的供应链网络结构对食品饮料业来说风险的变动方向和情况如何，考虑到企业的经营和存续，是非常重要也是亟须解决的问题。

（3）数据来源可靠且可行性高。因为选择的样本是食品饮料行业中的上市公司，本书中所用的原始数据均是来自经过专业第三方数据审计并受全社会监督的上市公司财报、国家专利局官方网站和国家统计局公布的投入产出表，具备权威性。在此基础上再进行处理使用，数据真实可靠。再者，因为本书团队之前在研究供应链创新与企业绩效时已对食品加工业的部分数据有所收集，形成了一个较为完善的数据库，数据收集方法和处理方法的可行性和科学性已经得到验证，再次为本书的可行性增加证据。

本书的研究对象为中国沪深两市的农业企业在 2007～2017 年的年度数据。按照 Wind 行业分类标准并参照证监会行业分类标准，选择了 Wind 一级行业分类中的农林牧渔板块下的二级行业分类中酒类、乳品、软饮料和茶类以及食品生产及加工企业（统称为食品饮料业）相关上市公司，并按照以下标准对样本进行进一步筛选：

（1）筛除曾连续 3 年亏损的企业。此类公司通常为交易所认定的 *ST（Special Treatment）公司，面临退市预警。一般来说这类企业的财务状况和其他状况很可能存在非正常情况，对其生产经营存在异常干扰，需排除此类企业对本书结果的扰动。

（2）筛除 2010 年及以后上市的公司。本书的财务数据计划来源于企业年度报告或企业上市前曾向投资者发布的招股说明书，这些数据均经过专业机构审计，权威性和准确性较强。企业招股说明书会公布上市当年及前两年的相关财务数据，因此我们筛除 2010 年及以后上市的公司，确保 2007～2009 年的数据来源精准。

（3）筛除不存在子公司的公司。有部分上市公司，子公司信息空缺，由于无法判断这种情况是由于信息缺失造成的，抑或公司本身不存在子公司，因此决定将所有此类样本剔除，以避免可能由信息缺失造成的不准确性。

（4）筛除无专利信息的公司。存在部分上市公司，我们无法在国家专利局网站及企查查网站查询到其专利信息。由于无法判断这种情况是由于信息缺失造成的，抑或公司本身确实从未被授予专利，因此决定将所有此类样本剔除，以避免可能由信息缺失造成的不准确性。

（5）筛除经营期间为主营业务所在行业发生重大变化的公司。因为本书研究的是食品饮料业类上市公司，若样本公司行业类型发生变更，则偏离了本书的研究范围，则对研究结果会造成影响。

图1－7以农业上市企业为例，展示了大农业概念下的行业分布情况。

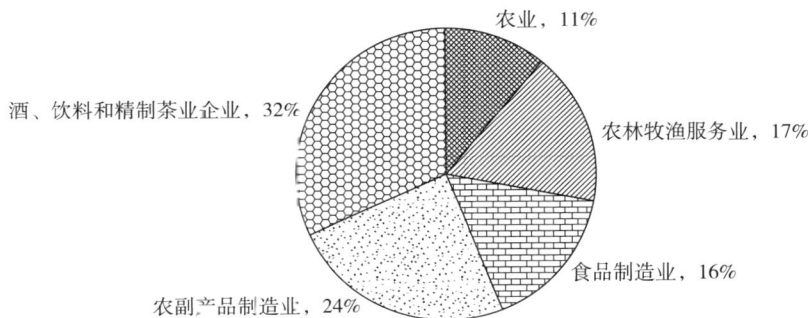

图1－7　农业上市企业行业分布

由于各种原因，我们主要使用年度报告作为数据来源。首先，上市公司的年度报告经常提供有关供应链管理和公司业绩的大量信息，这些都是本书的关键变量。公司年度报告中的信息对于股东和其他投资者在制定投资决策时非常重要，因此，上市公司在其年度报告中披露了大量竞争信息，包括表明供应链信息整合、供应链柔性和公司经营业绩的数据和实践（例如 Lao et al.，2010；Modi and Marbert，2010；Vickery et al.，2003）。其次，与公司发布的其他报告不同，年度报告采用统一格式，收集和比较信息方便快捷。与季度报告不同，年度报告涵盖整整一年的信息，也列出了季度报告中的信息，因此，我们只需要年度报告中的数据，其他次要的数据来源在每章节中介绍。

我们使用内容分析方法来编码主要构念，其他构念的编码方法在每章节中分别介绍。内容分析是一种技术，使研究人员能够在所有通信形式（例如写作、访谈、新闻、报告）中系统地评估定性内容，并且通常使用预先建立的程序和编码方案系统地对通信内容进行分类或加以区别（例如 Krippendorff，2004；Weber，1990）。这种方法是运营和供应链管理领域的常用研究方法（Tangpong，2011）。

内容分析具有以下优点：首先，它是一种可塑性的方法，可用于检查各种研究问题和分析不同形式的数据（Harwood and Garry，2003）。因此，这种方法也适用于分析本书年度报告中说明的操作策略。其次，内容分析为研究人员提供了对广泛、定性或文本数据进行分类和分析的系统程序，并允许研究人员将这些定性数据转换为可定量分析的形式（Wolfe et al.，1993）。年度报告中的文字数据将被编码，因此，内容分析将有助于第二阶段的定量分析。再次，记录的通信材料的具体性可以使研究人员的研究具有可重复性，因为研究人员可以重新编码数据并加强他们研究的可靠性（Babbie，1995）。因此，可以重复和验证当前研究的编码过程。最后，由于其不引人注目的性质，内容分析过程很少影响被研究对象的行为和反应（Babbie，1995；Krippendorff，2004）。因此，内容分析广泛用于运营和供应链管理（例如 Grotsch et al.，2013；Lin et al.，2013；Montabon et al.，2007；Ramanathan et al.，2016）。

3. 本书的分析方法

（1）基于德尔菲法的特征词提取。对于基于主题词表的特征词提取这方面，如果直接请专家们根据文本特征挑选特征词，为了避免专家的个人主观性及从众心理的影响，在特征词选取时不宜只针对个别专家，应采用背对背的德尔菲法。德尔菲法本质上是一种类似于背对背式的匿名调查问卷，强调过程的专业权威、调查匿名、结果趋同，以及在统计数据上的定量性。

对于文本特征词选取则借助专家们对于研究领域扎实广泛的研究经验积累，最好的领域专家不仅熟知本领域的知识，而且对后续的信息分析也能有所了解。

具体而言，基于德尔菲法的特征词提取分以下几步：

第一步，组成专家小组，根据文本所覆盖内容及分析想达到的目标而定，一般 5~10 人即可。

第二步，向专家提供所有文本并提出所要征询特征词的要求，并根据要求进行材料补充。

第三步，专家提出建议并说明理由。

第四步，将专家建议归纳整理，再分发给专家进行修改打分，并说明理由。

第五步，专家们根据第一轮征询结果进行调整和修改打分并说明理由。

第六步，按照第三至第五步重复进行，直到专家没有修改意见为止。

（2）专家评分法。专家评分法也是一种将定性的概念具体定量的一种技术方法，主要流程为选取专家、专家依据领域经验给出分值，然后对其结果进行汇总量化。

该方法能使研究者简单、快速、准确并且建立在一定的客观基础上描述研究结果。另外，统计数字有助于结论的解释和分析。本次论文中通过频数、百分比、相关分析等统计技术揭示主观和客观环境不确定性与供应链柔性之间关系的特征。

专家评分法在实施中需要根据论文研究内容情况、理论定义、分类状况以及供应链柔性等设计指标分值，最终得出一个初步的关键词特征表，同时可与原始材料词频表进行对比并进行下一轮的修改。

（3）基于词频统计的特征词选取。在数据挖掘中，分类是一种重要的技术，它能对大量有关数据进行分析研究，本书选用词频统计选词目的在于与专家选词进行对照和补充，并且该算法较为客观，有利于节约人力成本，在后期进行上市企业财报的编码时可以实现半自动或自动编码。目前有很多的研究工具支持利用词频来进行分词统计，在本次研究中，我们使用的是 ROST CM6 软件，它是由清华大学沈阳教授研发编码的大型免费计算平台。该软件可以实现微博情感分析、聊天内容分析、全网抓取分析、聚类分析、分词、词频统计等一系列分析。同时，在数据处理软件 Nvivo 中也可以在节点中进行词频统计，通过两个软件的相互对照和分析，有利于更加客观科学地输出结果。

目前的计划是先用内容分析法对研究问题进行预研究，通过编码后的分析简单了解文本的内容特点及信息分布特性，从而利用词频统计结果指导后期大规模的文本集的特征提取。

（4）回归分析。回归分析是一种常用的分析方法，用于研究不同变量之间的相关程度，描述变量之间相关程度和方向的统计量。本书将对所有涉及的关键变量用回归分析来验证假设。

第二章　农产品供应链研究的理论基础

第一节　权变理论

权变理论（Contingency Theory）是组织管理学中以具体情况及具体对策的应变思想为基础而形成的一种管理理论，其核心观点是没有一类统一的战略适合所有的企业，因此战略的制定需要考虑特定的环境条件。这种状态也被称为适应性，也就是制定组织战略应对外界环境中的变化，或使组织结构和行为满足战略的需求（Chakravarthy，1982）。因此，权变方法的核心是识别特定情景，并且观察在某个情景下不同的结构、战略和行为过程是如何运作的（Hambrick，1983）。

在开放的系统中，外部环境因素变得非常重要，一直以来在组织与战略管理领域，围绕着环境和战略之间的关系争论不休，是企业制定适应环境的唯一最优战略（Adaptation），还是有可能不同战略导向无差的结果（Equifinality）。从研究方法的角度，主要落脚在匹配度（Fit）的构成，以及匹配度对企业绩效的影响上。例如，Drazin 和 Van de Van（1985）解释了三种研究匹配度的方法，包括选择方法、交互方法和系统方法；Venkatraman（1989）细分出了六种类型的匹配情况；Zajac 等（2000）则针对传统的"战略—环境"匹配模型进行了深入分析，归纳出四种类型的战略与环境匹配情况对企业绩效的影响。这些不同方法根据情景因素的多少其实可以归为两大类：一类是一对一的选择和交互方法；另一类是多对多的系统方法。具体来看，选择和交互方法关注的是单一的情景因素如何影响单一的战略或结构特征。很多早期的结构权变理论都采用了选择方法，事实上也属于一致性理论，也就是简单地假设组织背景和结构、流程相关联（Drazin and Van de Ven，1985）。但是，选择方法并没有检验这种一致性是否影响绩效，而交互方法则定义了这些匹配的情景和响应变量如何交互影响绩效（Drazin and Van de Ven，1985）。选择和交互方法将组织分解为独立的部分，但是很多权变因素、战略/结构选择、绩效评价是同时用来解释"情景—响应—绩效"关系的内部一致性的，因此系统方法也得到了越来越多学者的认同，但是在实证研究中的应用却非常有限。

　　第一类的方法又可以具体对应 Venkatraman（1989）提出的三种匹配机制，分别是配对（Fit as Matching）、中介（Fit as Mediation）、调节（Fit as Moderation）。第一，配对机制的定义说明了情景和响应变量之间的匹配是独立于任何绩效变量的。基于自然选择模型，这种机制主张环境的视角，认为环境因素选择了那些最适合环境的组织特征（Aldrich，1971）。通过运用自然选择的定义，Aldrich 和 Pfeffer（1976）强调了被环境控制的组织变革过程不一定会发展为更加复杂或者更高级的社会组织；相反，仅仅是意味着社会组织向着与环境更为适应的方向发展。第二，中介机制实际上是原因变量和结果变量之间的显著的干扰机制。背后的理论基础依然是自然选择，但是中介更强调了权变因素对企业绩效的直接和间接影响，因此绩效的变化可以解释为结构或者行为的变化。第三，自然选择模型没有解决的问题是组织内的决策如何制定，而资源依赖模型则认为组织具有能动性，有能力变化以及响应环境（Aldrich and Pfeffer，1976）。也就是说资源依赖模型反对结构权变理论的组织是实现目标的理性工具的核心思想，而主张组织依赖于外部资源，同时通过各种方法来管理资源（Pfeffer and Salancik，1978）。因此，战略的影响在不同的环境水平下是不同的，被定义为调节变量。更普遍的定义是将调节变量视为分类变量，而且影响战略变量和绩效之间关系的强度（Prescott，1986）。在对运营领域应用权变理论的综述中，Sousa 和 Voss（2008）发现，相比于选择方法，交互方法应用的比例还是比较低的。例如，Yu、Cadeaux 和 Luo（2015）在对运营柔性的元分析中发现，早期研究将环境不确定性作为柔性战略的驱动因素，也有越来越多的学者开始探讨环境不确定性的情景交互作用（Patel，2011；Wong et al.，2011；Gligor et al.，2014，2015）。

　　第二类的方法也可以具体对应 Venkatraman（1989）提出的三种匹配机制，

分别是完形（Fit as Gestalt）、协变（Fit as Covariance）、离差（Fit as Deviation）。第一，如果是两个变量之间的匹配，则很容易获得准确的响应形式，但是如果使用多个变量，就要识别出完形机制。不是选择几个变量或者变量之间的线性关系，而是试图找出属性的集群，因此是一组战略变量之间的内部一致性在经营中的不同表现。这种观点将战略定义为环境、情景、结构要素构成的组合或轮廓（Profile）。Yu、Cadeaux 和 Song（2012）通过案例研究，探讨了供应链结构、柔性和绩效的轮廓。第二，协变也是一种内部一致性的形式，这种匹配机制是假设组织喜欢参与开发一种功能需求或者不冲突的多种功能需求，目的是将结构分类来满足任一功能。因此，有几种一致的功能需求并存，它们之间的协变会指向最优绩效，但是当结构选择受限制的时候就只有一种选择，也被称为最优轮廓。虽然在 Sousa 和 Voss（2008）的综述中，不管是完形还是协变，在运营领域的应用都极其少见，但是近期也有研究关注这一问题，例如 Huo 等（2015）在分析供应链协调战略的时候特别提出了供应商协同和客户协同之间的作用。第三，离差描述了外部轮廓与最优设计的差距会导致较低的绩效，而导致离差的原因是互相冲突的权变因素。因此，Venkatraman（1989）解释，如果最优战略轮廓对一个特定环境来说是确定的，那么对多个维度的轮廓来说如果有较高的环境—战略一致性就会带来较高的绩效，但是相反，如果偏离这个轮廓就预示着环境—战略一致性脆弱的一面，因此对绩效产生负面影响。Zhao 和 Rungtusanatham（2006），以及 Ng 等（2015）使用这种方法研究了环境不确定性和全面质量管理战略之间的匹配机制。

第二节　网络理论

社会网络理论研究既定的社会行动者，其中包括社会中的个体、群体和组织，所形成的一系列关系和纽带，将社会网络系统作为一个整体来解释社会行为。目前社会网络中的网络方法主要有三个来源：一是来自物理学力场理论；二是来自人类学中运用实验和社会网络图（Sociogram，即描绘个体自由选择的社会互动结构）进行的研究（Barnes，1954）；三是来自数学方法，如图论（Graph Theory）（Cartwright and Harary，1956），社会网络中很多概念均是来自图论。社会网络理论的基本观点（Mitchell，1969；Tichy，Tushman and Fombrun，1979）是处于社会情境下的人由于彼此之间的纽带关系而以相似的方式思考或行事，将社会网络系统作为一个整体来解释社会行为。社会网络研究可以分为以下层次：点（Node）→关系（Ties）/二方组（Dyad）→个体网（Ego Network）→整体网（Whole Network），下文将从嵌入性理论的角度从这四个层次进行论述。

社会网络中的点（Node）指的是"能动者"（Agent），可以是任何一个社会单位或社会实体。关于点的研究主要可分为两个层次，一是考察能动者的"主观能动性质"，二是分析其所在的各类关系结构。有部分结构主义理论持有者否认个体在集体结构的创立和维系过程中的能动作用（Mayhew，1980），但是他们忽略了个体的属性、认知和个性对他们所嵌入的社会网络的塑造作用。关于点的研究中最重要的问题是为何有些人相比其他人能更好地利用网络资源。目前最重要的解释个体与社会网络之间关系的理论就是认知网络理论，该理论融合了心理学和社会网络的研究方法，认为对于个体认知的充分了解，可以解释网络起源和发展过程，并且认为更准确的个体认知会使他们更好地利用网络中的资源（Krackardt，1990）。

社会网络理论中的关系（Ties）指的是具体的联络内容或现实发生的实质性关系，表现为行动者之间的联系。Granovetter（1973）将嵌入性划分为结构嵌入和关系嵌入，其中关系嵌入的研究视角集中于基于互惠预期而发生的双向关系，主要指标有关系的内容、方向、延续性和强度等。在关系层次的研究中，最重要的理论便是联结强度理论。1973年Granovetter提出了联结强度这一概念，他将联结分为强联结和弱联结。强联结通常在社会经济特征相似的个体间产生，如性别、年龄、教育程度、职业身份、收入水平等相似，而弱联结则恰恰相反。由于群体内部相似性较高的个体所获取的信息时常重复，所以弱联结获取的新的无冗余的信息和资源远大于强联结。但是，由于弱联结的关系强度不够，资源信息不一定能通过弱联结传递。实际上强联结是个体与外界发生联系的基础与出发点。网络中经常发生的知识的流通往往发生于强联结之间，而且能传递高质量的、复杂的或隐性的知识（Hansen，1999）。弱联结增强了网络的多样性，是获取新资源的重要渠道。关系嵌入已成为组织重要的战略性资源，是组织获取外部信息和资源的重要机制，对组织的创新和绩效有着重要的影响，与企业绩效呈"倒U形"关系（Uzzi，1997）。

个体网（Ego Network）是由一个核心个体和与之相连的其他个体组成的网络。Granovetter（1973）对于嵌入划分的维度中，结构嵌入的内涵包括两方面：一方面强调网络的整体功能和结构，另一方面更多地关注个体在社会网络中的结构位置，重点关注社会网络中的结构特征，比如网络密度、网络凝聚力。结构嵌入是指组织所嵌入的社会网络给组织带来的超额价值（包括信息和资源优势）（Gulati，1998）。Granovetter（1992）认为，结构嵌入对所嵌入的组织不仅提供了比较优势和发展机遇，同时也对组织形成了一定的约束。网络密度是结构嵌入的一个重要研究内容，密度是指网络中 N 个个体之间相互联络的程度。密度越大的网络越有助于相互信任、规范、权威和制裁等制度的建立和维持（Coleman，1990）。网络联系越紧密，其中的成员更容易拥有共同的行为预期，有利于行为规范的形成和实施，这种协调一致的行为规范能加速网络中资源的快速传播和相互共享，提高成员决策和行动的效率（Oliver，1996）。但是，过度紧密的网络会造成网络中的个体出现"趋同"，减少了网络内企业创新与差异化的可能（Mouzas，2006），同时会诱发企业间的过度竞争。

整体网（Whole Network）是指由一个群体内部所有成员及其关系构成的网络，其研究的内容非常丰富，包括二方关系研究、块模型研究、凝聚子群分析、网络演化分析。位置嵌入关注网络成员间位置的差异化，反映个体在整体网中的位置对于其形成网络联系决策的影响。网络位置与资源的分布是密切相关的。Lin（1992）的社会资源理论就明确指出，资源可以被行为者个体拥有（表现为个人资源），也可以在其社会位置中（表现为位置资源）。在网络中，两种位置非常关键。一是网络的中心位置。处于中心位置的成员拥有更多的信息来源，对网络有更全面的理解（Krackhardt，1990），而且具有在网络内更高的可见度、更大的吸引力。Brass（1985）的研究表明，在结构洞中架桥的行动者在其社会网络中一般都拥有较高的中介中心性，即他们在架桥过程中充当着中间人的角色。Scott（2013）对中心度和中心势进行区分，中心度特指点的中心度，中心势指的是整体的图的中心度。二是网络的结构洞位置。Burt（1992）首先提出了结构洞的概念，即社会网络中某个/些个体与某个个体发生直接联系，但与其他个体不发生直接联系或关系中断的现象，从网络整体来看好像网络结构中出现了空洞。该理论主张由于结构洞的存在，部分人或组织可以在其中起到桥梁作用（Bridging），将两个关系稠密但中间有空洞的群体联结起来，从而获得了跨越该结构洞的信息流的控制，使资源流动。当某些个体或组织由于自身需要需要在结构洞中将其他关系稠密的群体联结起来时（Bridging），由于网络结构的改变从而创造了价值，因此结构洞最有可能给企业带来竞争优势。

随着社会网络的研究逐渐被运用到企业领域，应用于企业内部管理的战略网络理论开始发展，供应链是一个复杂的网络体系的观点越来越成为主流，供应链参与者会在网络结构中以交易关系为基础，通过信息流、物流和资金流的交换合作互动，将产品运输至最终端。Lin 和 Shaw（1998）首次提出了供应链网络的概念，他们认为，供应商、制造商和分销商在战略、任务、资源和能力方面相互依赖，构成了较复杂的供应—生产—销售网，即供应链网络。Cooper 等（1997）提出了供应链网络结构、供应链流程和供应链管理要素的分析框图，剖析了纵向一体化战略对核心企业在供应链中水平定位的影响。Zhang 等（2003）认为供应链网络是由相互合作的企业实体共同作用，对一种或多种产品进行采购、生产、分销、消费等一系列相关活动所组成的网络。此外，Slack 等（2009）指出供应链网络是一个基本供应链的演进，由于技术的迅速进步，具有基本供应链的组织可以将这一供应链发展成为一个更为复杂的结构，涉及更多组织之间更高水平的相互依赖和连接，从而形成了供应链网络。随着企业结构的进一步发展，多向链接的网络结构、紧密联系的企业间伙伴关系使原先简单的二元供应关系转变为供应链网络关系，网络理论开始扩展到供应链层次，供应链网络理论开始发展起来。例如，Yu、Cadeaux 和 Song（2013）验证了分销网络结构与供应链柔性之间的关系；Tatarynowicz、Sytch 和 Gulati（2015）将单一环境下的战略网络变化研究（Rosenkopf and Padula，2008；Zaheer and Soda，2009；Gulati，Sytch and Tatarynowicz，2012）拓展到更广泛的网络结构，认为处在不同的社会和经济环境中的企业网络在其结构属性方面存在显著差异，并且证明了组织不仅可以在其内部组织设计方面对环境改变做出反应（Lawrence and Lorsch，1967；Davis，Eisenhardt and Bingham，2009），还可以调整其与其他公司的合作模式以应对环境变化。

第三节　资源基础观

资源基础观（Resource Based View，RBV）解决了为什么公司是异质的以及公司如何实现和维持其竞争优势的根本问题（Barney，1991；Penrose，1959）。与产业组织经济学的早期框架相比，RBV 认为企业特定因素在解释卓越的企业绩效时比环境或产业结构特征更重要（Wernerfelt，1984）。有价值的、稀有的、无法模仿的和不可替代的资源使公司能够实现可持续的竞争优势（Barney，1991）。RBV 经历了以下三个发展阶段（Olavarrieta and Ellinger，1997）。

第一阶段将企业视为资源集合（Penrose，1959），并将能力视为通过组织过程实施的个人技能，资产和累积知识的集合使企业能够协调活动并利用其资源（Amit and Schoemaker，1993）。传统的经济学模型使用新古典微观经济学理论的假设和工具来分析企业的成长，Penrose（1959）认为最重要的是这些假设将企业化作了一系列简单生产函数模型，她指出应该从以下两个角度来理解企业：第一，企业是一个连接和协调许多个体和团队活动的管理框架；第二，企业是一个生产资源的组合。在对企业内部进行审视并分析了企业成长的能力之外，Penrose 还对后来资源基础观的形成做出了其他贡献。首先，她观察到企业控制的生产资源组合在企业之间差异很大；其次，她为生产资源提供了一个非常宽泛的定义，并开始研究如管理者团队、高层管理团队以及创业能力等方面的内容；最后，Penrose 还指出，在这样一个拓展了的生产资源领域之外，仍然存在某些导致企业差异的资源，例如创业技能。

第二阶段将公司定位为寻租者。例如，Barney（1986）认为要素市场的特征决定了企业获得租金的可能性。Barney（1986）引入了战略要素市场的概念，将其定义为一个企业可以从中取得和培育为实施产品市场战略所需资源的市场。这就意味着，如果战略要素市场是完全竞争的，那么即使企业成功地在产品市场中实施了使之不完全竞争的战略，这种战略也无法带来经济租金。Barney（1986）指出了使这一市场处于不完全竞争状态的两种方法。一是在某一特定的战略要素市场中，如果所有参与竞争的企业都预期他们取得的资源将在产品市场中产生价值，那么这些资源的价格将很快上升到这个水平；但如果这些资源能产生的实际价值更高，那么以低价格取得这些资源的企业将能够获得经济租金。二是可能有些企业对于其从战略要素市场上取得或培育的资源具有特别的洞察力，具有这种特殊洞察力的企业往往不会为某种资源多付钱，而且往往能够取得或培育某种价值被低估的资源，他们通过避免犯错和抓住机遇便能够获得经济租金。在论文中他最后总结到，相比其他从外部渠道获得的资源，已经被企业所控制的资源更可能创造出经济租金。

第三阶段侧重于战略资源和卓越绩效，其理论体现在核心竞争力上（Prahalad and Hamel，1990）。关键战略资源包括优越的资产和独特的能力（Barney，1991；Day，1994）。在 Prahalad 和 Hamel（1990）这篇有影响力的论文中，他们进一步扩展了主导逻辑的概念，并提出了"核心竞争力"（Core Competence）的概念。Prahalad 和 Hamel（1990）将核心竞争力定义为"组织的集体认知，特别是对多种生产技能协调和对多元技术整合的认知"。Prahalad 和他的合作者再一次强调了选择和实施企业战略、获得竞争优势时无形资产扮演的基础角色的作用。在整个 20 世纪 90 年代，很多学者尝试对这些有形和无形资产进行归纳，并指出它们对企业竞争力的不同影响。例如，Wernerfelt（1984）和 Barney（1991）只把这些资产命名为"资源"，而没有对它们进一步细分。Prahalad 和 Hamel（1990）发展出了"核心竞争力"的概念，并在 Selznick（1957）和其他研究的基础上，将"竞争力"加入到资源基础理论的研究中。Stalk、Evans 和 Shulman（1992）认为"竞争力"（Competence）和"能力"（Capabilities）之间存在着差异，因此"能力"这一术语也备受争议。Teece、Pisano 和 Shuen（1997）强调了企业能开发新能力的能力问题，也就是他们所谓的"动态能力"（Dynamic Capabilities）。还有很多学者认为知识是一个企业所拥有的重要资源，因此发展出了解释企业持续绩效的"知识基础理论"（Knowledge Based Theory）（见 Grant，1996；Liebeskind，1996；Spender，1996）。

作为一个重要的且不断成长的供应链研究基础（Esper and Crook，2014），RBV 强调了资源和能力日益增长的重要性，并已应用在供应链管理的理论分析中（例如 Brandon - Jones et al.，2014；Dyer and Singh，1998；Fawcett et al.，2012；Ketchen et al.，2014）。首先，建议在供应链组织过程中采用的战略资源可以从企业内部跨越企业边界在企业间的资源和惯例中寻找，而无形资源（如信息和知识）比有形资源更难以获得（Ketchen et al.，2014）。其次，资源被认为无法自己提供价值，而应该被整合以实现能力发展（例如 Brandon - Jones et al.，2014）。

基于第二点，第三个主题侧重于利用资源创造竞争优势。研究人员已经探索了资源和能力组合对绩效影响的潜在机制（例如 Brandon – Jones et al. , 2014；Gunasekaran et al. , 2017）。在 RBV 和扩展 RBV 的基础上，目前的研究还旨在促进其他流派的发展。

第四节　交易成本理论

在交易成本理论（Transaction Cost Theory，TCT）中，交易成本被定义为交易双方谈判、监控和实施交易的成本。交易成本常常被视为交易的摩擦力（Powell，1990），是伴随着交易过程而生，但是又会减少交易所获价值的一种成本。因此，如果交易双方能够找到可以降低交易成本的治理结构，其效率将会提升。1937 年，Coase 在其论文中提出了意义重大且影响深远的交易成本理论，他提出，市场的运行是有成本的，通过成立组织，让企业家控制和分配资源，可以避免交易成本。例如，如果交易双方交换的是非专有的产品或服务，则可以自由取得产品或服务，那么运用市场价格机制可以管理交易，并且交易各方不需要签订复杂的协议。但是，如果交易各方需要建立和发展专有的、嵌入式的交易关系，这时问题就出现了，交易各方不仅需要确定合适的价格，并且在市场运行的成本过高（即交易成本会增加）时，将会内部化交易，即将市场交易建立在企业内部，这样交易一方就有权控制和监控交易过程，并降低了相关的风险（Coase，1937）。

尽管如此，将市场交易变为一个在科层组织内部发生的交易，并不能完全消除管理交易所产生的成本（Coase，1937）。管理者仍然需要在组织内部进行谈判、监管并保证组织内部各方执行相关合同条款，在这一过程中同样会产生风险，因为交易一旦内部化，实施交易的各方或者主要负责人可能不再有原先的积极性，对于个人目标的追求使他们无法保持以往的绩效。因此，Coase 的核心思想和理论观点是为了实现帕累托效率，决策者需要在市场交易成本和科层内部交易成本这二者间做出权衡。市场交易成本与科层内部交易成本之间的权衡确定了企业的有效边界；对于帕累托效率的追求则决定了哪些交易是企业需要在市场中完成的，哪些是需要放到企业内部完成的。但是，Coase 没有完整清晰地指出哪些因素可以影响交易成本或组织成本，进而导致交易的内部化。Klein、Crawford

和 Alchian（1978）以及 Williamson（1985）正式提出资产专用性是导致交易困难和交易成本的一个主要医素，也是导致交易内部化的主要因素之一。在 Williamson（1975）看来，某些人的以及市场交易环境方面的因素使合约安排变得含混不清，且产生了交易成本。有关人的因素包括了有限理性（Bounded Rationality）和机会主义（Opportunism）。

有关市场环境方面的因素有三个方面：一是不确定性和复杂性，由于有限理性的存在，行为的不确定性和复杂性使交易一方很难监督另一方的绩效，这样必然会增加交易成本。二是"小数目条件"限制了企业与其他潜在交易伙伴的合作，并且使交易中处于垄断的一方产生机会主义行为的可能性大增。三是资产专用性，它是指交易双方在特定交易中所投入的资产或用于创造价值的资源，而这些特定资产很难转变为其他用途，或者在用于其他用途时其生产价值有一定损失。正如 Williamson 所述，资产专用性是产生交易成本的主要因素，"交易成本经济学之所以具有预测力，关键条件就在于资产具有专用性"（Williamson，1985）。一旦投资完成（事后的机会主义），"小数目条件者"或者"双边垄断"（Bilateral Monopoly）将会出现，使交易一方开始对另一方产生依赖，而另外一方接下来就可能会采取机会主义行为，通过撒谎或者欺骗对方等方式改变交易条款，这些都是个人或企业在考虑是否进行专用性投资时面临的关键问题。在交易的进展过程中，如果一方发现愈加难以评估另外一方的绩效，以致交易的不确定性在增加，加上有限理性的存在增加了交易的难度，那么机会主义行为的可能性也将进一步提升（Williamson，1975）。

产业营销与采购组织（Industrial Marketing & Purchasing，IMP）开发的买卖双方之间的交互模型融合了多个学科的理论，也说明了企业间关系的研究可以更多地借鉴组织理论和经济学中方法。IMP 模型最初是从组织间关系理论发展而来，其中一个领域的研究就是从经济学中的"新制度主义"（the New Institutionalism）发展而来的，主要包括了对交易成本和机会主义这些概念的认识。通过交易成本理论中的基本假设，进一步辨别了哪些交易类型更适合在企业内部进行，而哪些交易类型适合在市场中进行。Rindfleisch 和 Heide（1997）综述了营销学者应用 TCT 的 45 篇实证文章，并评价了它们在管理机制、适应机制和绩效评价等方面存在的诸多问题。Grover 和 Malhotra（2003）综述了在运营和供应链领域应用 TCT 的文献，并且提出 TCT 可以更多地应用在外包、投入分配、供应链协调、供应链整合等研究问题上。例如，Williamson（2008）就从交易成本经济学的角度分析了外包背后的机制；Cadeaux 和 Ng（2012）用元分析综述了与纵向整合相关的研究，并且针对环境不确定性如何影响纵向整合这一问题，对比了结构权变理论和交易成本分析观点的差异。

第五节　信息加工理论

信息加工理论（Information Processing Theory，IPT）是 20 世纪 70 年代随着对内部组织的关注发展起来的，用来解决大型企业的组织设计问题（Galbraith，1970，1973），之后就扩展到了买卖双边关系上（Bensaou and Venkatraman，1995）。IPT 关注的是环境不确定性和企业的信息加工需求之间的关系，以及企业如何来处理这些需求的问题（Bensaou and Venkatraman，1995；Galbraith，1977）。不确定性是信息加工需求的基础，即"完成任务所需要的信息量和组织已经加工的信息量之间的差距"（Galbraith，1973）。不确定性是由复杂性和动态性构成的（Duncan，1972）。按照 IPT 分析层次的不同，已有研究的主要观点归纳如下：

不区分 IPT 的分析层次的研究结论主要有：信息加工包括了对信息的采集（Gathering）、解释（Interpreting）、融合（Synthesizing）（Tushman and Nadler，1978）；"信息"不只限于"数据"，IPT 是关于信息、人、知识之间相互关系的研究（Newell and Simon，1972）；信息加工需求和能力需要匹配，而且要通过合适的机制才能实现（Bensaou and Venkatraman，1995；Galbraith，1974，1977）；企业选择信息加工是基于成本效益评估的（Galbraith，1970）；组织可以尝试改变其环境而不仅仅是改变自身的结构和流程（Galbraith，1977）。

组织内分析层次的研究结论有：在传统的 IPT 中，信息加工机制的选择取决于不确定性的程度（Galbraith，1974）；适用于低不确定性的信息加工机制包括规则、层级、目标制定，而适用于高不确定性的信息加工机制包括纵向信息系统、横向关系、冗余资源（Galbraith，1974，1977）；之后的研究认为不确定性有多种类型（来源），都会增加信息加工的需求（Bensaou and Venkatraman，1995；Premkumar et al.，2005）。

组织间双边关系层次的研究结论有：不确定性的程度和类型会决定合适的信

息加工机制（Bensaou and Venkatraman，1995；Premkumar et al.，2005）；有三种类型的不确定性：环境不确定性、关系不确定性、任务不确定性（Bensaou and Venkatraman，1995）；组织间的信息加工机制与结构、流程和信息技术相关（Bensaou and Venkatraman，1995）。

　　供应链管理的核心就是组织间的价值创造活动优化会比个体企业创造的价值更多（Ellram and Cooper，1990）。供应链伙伴之间的透明度和信息共享会促进合作（Lamming et al.，2001；Zhou and Benton，2007）。因此，信息技术和信息系统的相关研究促进了供应链管理的发展（Kauremaa and Tanskanen，2016）。供应链学者们也将IPT作为很重要的理论基础来解释供应链的诸多现象，例如内部和外部供应链整合的价值（Flynn，Koufteros and Lu，2016；Schoenherr and Swink，2012；Swink，Narasimhan and Wang，2007；William et al.，2013；Wong，Boon-itt and Wong，2011），对供应链中断风险的响应（Bode et al.，2011），信息加工对供应链效率的影响（Zhou and Benton，2007），买卖双方在新产品开发上的合作（Hult，Ketchen and Slater，2004），外包中的流程整合（Narayanan et al.，2011），竞争和知识开发对供应链绩效的影响（Hult，Ketchen and Arrfelt，2007）。虽然不确定性与信息加工在供应链管理的研究中很常见，但是直接的应用却比较少。Luo和Yu（2016）将供应链柔性作为一种信息加工能力，分析了与环境不确定性之间的匹配和不匹配的机制。Busse、Meinlschmidt和Foerstl（2017）通过案例研究方法，识别了不同的可持续相关的不确定性，同时将这些不确定性转变为信息加工需求，说明了一些创新型企业如何实施可持续驱动的供应链调整机制。

概　念　篇

第三章 农产品供应链的环境分析

第一节 环境不确定性的研究意义

权变理论的核心观点是没有一类统一的战略适合所有的企业，因此战略的制定需要考虑特定的环境条件。这种状态也被称为适应性（Adaptation），也就是制定组织战略应对外界环境中的变化，或使组织结构和行为满足战略的需求（Chakravarthy，1982）。因此，权变方法的核心是识别特定情景，并且观察在某个情境下不同的结构、战略和行为过程是如何运作的（Hambrick，1983）。传统的情境因素包括环境（Burns and Stalker，1961）、组织规模（Child，1975）、组织战略（Chandler，1962），但是也不限于这些因素，还扩展到了更广泛的环境变量和组织特征，甚至包括竞争者、供应商和客户行为方面的变量（Hofer，1975）。因此，权变理论可以解释的组织行为已经从内部的组织结构扩展到了组织间的关系和战略（Donaldson，1995）。由此，对适应性的应用也有多种方式，从最简单的"变化"包括前摄性的和反应性的行为（Mildes and Snow，1978），到更具体的对环境驱动力和需求的响应（Astley and Ven，1983）。近阶段，对权变理论的研究主要集中在辨识匹配度（Fit）的构成，以及匹配度对企业绩效的影响上。例如，Drazin 和 Van de Van（1985）解释了三种研究匹配度的方法，包括选择方法、交互方法和系统方法。

权变理论的研究基础是建立在不确定性这一构念上，也就是外部环境对组织职能的影响（Downey and Slocum，1975）。不确定性可以是对组织环境状态的描述，也可以是对决策者感知到环境中缺乏关键信息状态的描述（Milliken，1987）。例如，Lawrence 和 Lorsch（1969）认为环境不确定性是由三个部分构成的：一是信息的匮乏；二是决策和相应效果之间因果关系的总体不确定性；三是关于决策结果反馈的时间跨度。但是，他们并没有分析环境和感知到的不确定性之间的关系，而 Duncan（1972）则认为对环境中的不确定性或动态性的感知和总体不确定性有正向关系。但是，还有一些学者用客观的测量方法，也就是把对环境的态度看作是一个关于波动性的参数（Cadeaux，1992；Dreyer and Gronhaug，2004；Snyder，1987）。而 Milliken（1987）指出这些方法中存在信度和效度问题，因此很多学者尝试混合测度客观的和感知的环境不确定性（Perceived Environmental Uncertainty，PEU）。例如，Daft 和 Weick（1984）把组织视为一个释义系统，通过三个交互阶段来解释或学习其所处环境，包括数据采集、解释数据含义，以及对环境的认识基础上学习或采取措施。与此相对的是 Milliken（1987）提出的三种类型的不确定性：一是状态不确定性，即对环境或者环境的某些部分无法预测；二是作用不确定性，即无法预测环境变化对组织的影响；三是反应不确定性，即无法预测一个响应决策的效果。随后，这几种不确定性也得到了其他学者的验证和应用（Gerloff，Muir and Bodensteiner，1991；Miller and Shamsie，1999）。综上所述，对不确定性的测度有认知层面的、客观的以及混合的方法。Lorenzi、Sims 和 Slocum（1981）在对比了抽象的"总体的"PEU 和具体的"任务关联的"PEU 的差别之后，认为后者可以将对 PEU 感知的个体差异的影响最小化。

为了解决上述不一致的实证研究结果，本书将客观环境不确定性和主观环境不确定性作为两种不同的概念区分开来，而不是作为不同的测量方法来研究。尽管环境不确定性这个概念的提出可以追溯到权变管理研究时期，但是这些研究最多只是提出了测量环境不确定性的方法，即要么在客观维度上测量环境不确定性（Dess et al.，1984；Miller et al.，1983；Snyder，1987），要么建议在主观维度上测量（Duncan，1972；Lawrence et al.，1969；Lorenzi et al.，1981），要么建议将两者结合测量环境不确定性（Milliken，1987）。同时，在供应链管理的研究中，更多的是讨论环境不确定性在供应链一体化与企业绩效的关系中的调节作用（Wong et al.，2011；Sun et al.，2009）。本书则认为应将客观测度环境不确定性和主观测度环境不确定性区分为两个不同的研究框架，这两个概念并不仅仅是在一个相同的研究框架下运用两种不同的测量方法。客观的环境不确定性描述了组织环境的状态，而主观上感知的环境不确定性描述的是管理者个人的认知，如管理者认为自己是否缺少关于外部环境的关键信息（Milliken，1987）。Lueg 和 Borisov（2014）认为，客观数据上的环境不确定性与主观感知的环境不确定性在概念上和测度方法上是不同的，如果主观测度不可用，研究人员或企业高层管理者必须评估获取的档案数据在研究应用上是否适当，同时，必须清楚主观感知上的对于环境不确定性理解的不同远比那些客观上获得的"档案数据"更加有效。

第二节 环境不确定性的概念与维度

现今，面对日益复杂且不易预测的商业环境，多数学者及企业家在研究与制定企业战略时都会考虑环境因素（Zhi et al.，2015；Wong，2011；Patel et al.，2012）。因此，"环境不确定性"（Environmental Uncertainty，EU）这一概念近来也广受关注，它包括消费者的消费理念、产品和服务的技术以及企业所在行业环境的复杂程度（Miller，1983）。环境不确定性大体来自以下三个方面的原因：①技术创新；②消费需求的动态性；③行业的竞争强度。以往的研究是在权变理论的基础上建立了环境不确定性的核心概念，并试图探索其对组织运作的影响（Downey et al.，1975）。主观环境不确定性与客观上的环境不确定性是不一样的（Tosi et al.，1973；Milliken，1987；Loeg and Bovisov，2014）。Milliken（1987）提出了三种类型的不确定性：①首先就是一种状态上的不确定性，对环境或环境的某个方面的不可预测性，这在很大程度上是客观的；②影响或者结果的不确定性，无法预测的环境变化对组织的影响（这更偏向于主观感知上的）；③响应的不确定性，无法预测做出决策之后响应的影响，这也是主观感性方面的。这三个相对独立的维度也被 Gerloff、Muir 和 Bodensteiner（1991），Miller 和 Shamsie（1999），以及最近的 Ashill 和 Jobber（2010）证实。由目前的研究可得出，特别是在研究环境不确定性对供应链影响时，客观和主观感知的环境不确定性从概念上来讲是相互独立的两个概念，不能仅仅在测度方法上区分两者。表 3 – 1 将环境不确定性的概念、主客观环境不确定性的关系进行了简单的总结和厘清。为了记录、识记方便，表中 OEU 为客观环境不确定性的缩写，PEU 为主观环境不确定性的缩写。

表 3 – 1　环境不确定性的定义和维度

来源	定义	维度/测量方式	变动性	包容性	复杂性
同时提到 OEU 和 PEU					
Tosi 等 (1973)	PEU 原因在于个体的差异	Lawrence 和 Lorsch（1967）	√		
	OEU 只反映环境特征	(a) 市场波动：十年行业销售收入和利润变动系数 (b) 技术波动：十年平均研发＋资本支出与总资产的比率	√		
Milliken (1987)	PEU 即一些人对于自己的状态的认知或者缺乏关键信息的认知	(a) 影响的不确定性：无法预测环境变化 (b) 响应的不确定性：无法确定响应选项开放性			
	OEU 是组织环境的状态	(c) 状态的不确定性：不可预测的当前环境的状态	√		
Ashill 和 Jobber (2010)	环境不确定性被视为知觉现象（PEU）和个人面临决策的环境的属性（OEU）	(a) 状态的不确定性：所需的信息；足够的信息；必要的信息 (b) 效应的不确定性：预测因素的影响、确信、理解效果 (c) 响应的不确定性：后果、反应、反应选项	√	√	
Loeg 和 Bovisov (2014)	行为方式（PEU）指不确定性结果，即企业高管无法预测其行为与结果的概率与环境之间的相互作用的结果	环境预测的程度： (a) 技术 (b) 需求 (c) 竞争	√		
	实证方法（OEU）认为，不确定性独立存在于决策者的观念	(a) 均值的变动（Tosi 等，1973） (b) 趋势（Dess 和 Beard，1984）	√	√	
只有主观不确定性（PEU）					
Lawrence 和 Lorsh（1967）	管理人员感知其环境的方式	(a) 缺乏清晰的信息 (b) 长时间的反馈时间间隔 (c) 无法理解因果关系	√		
Duncan (1972)	在环境既复杂又多变时，主观不确定性最大	(a) 简单—复杂维度是指环境因素的数量和相似性 (b) 静态—动态的维度即它们的更新频率	√		√

来源	定义	维度/测量方式	变动性	包容性	复杂性
Daft 等 （1988）	感知的不确定性是可用信息和派生信息之间的差异	（a）复杂性：外部事件的异质性 （b）变化率：变化的频率	√		√
Boyd 和 Fulk （1996）	包含风险和模糊性	（a）感知充分的信息 （b）感知信息的分析可能性 （c）感知信息的可预测性 （d）感知的变动性	√	√	
Priem 等 （2002）	不可预测的变化	（a）相关活动变化的频率 （b）在每次变动中变动的不同程度 （c）整体格局变化的程度，在意义上变化程度	√		
Holm 等 （2014）	非战略形势的不确定性	（a）风险：决策者有关于对不同结果的概率的信息，可以在两者之间选择 （b）模糊性：经济参与者有关于可以想象的结果的信息，但概率并不确定	√	√	
三、有客观不确定性（OEU）					
Dess 和 Beard （1984）	在组织中资源交易环境的变化，特别是，业务规范和实证描述在任务环境的变化	（a）包容性：容量 （b）动态性：不稳定性、动荡 （c）复杂性：同质异构、集中分散	√	√	√
Li（2000）	基于产业价值与时间进行回归分析的动态性	回归系数的标准误差除以行业出货量的平均值	√	√	
总计			14/14	6/14	3/14

　　主观环境不确定性（Perceived Environmental Uncertainty，PEU），被定义为决策者的认知状态，如管理者感知其自身是否缺乏关于环境的关键信息（Milliken，1987）。Tinker（1976）认为只有参与者对于环境不确定性的看法对于战略决策参考方面来讲是比较有意义的。根据权变理论的研究，由于每个人的知识水平和认知能力的不同，因此会导致组织和个人对于环境所得出的主观环境不确定性水平出现差异。例如，Lawrence 和 Lorsch（1969）认为，环境的不确定性是由三部分组成：①缺乏明确信息；②决策和其结果之间因果关系的不确定性；③决策的结果反馈所历经的时间跨度。然而，该文章并没有分析环境和 PEU（主观环境不

确定性）之间的关系。从信息的角度来看，当环境的变化导致不同的结果，这种可能性是未知的时候，它会引起不可预测的变化；但如果决策者具有发生各种可能性的信息储备时（例如，充分的环境认知及准备），虽然有可能预测到环境的变化，但仍然有预测的风险（Boyd and Fulk，1996；Holm et al.，2014；Priem et al.，2002）。虽然其他研究者强调环境不确定性还有一个维度—复杂性（Duncan，1972；Daft et al.，1988），但是其并不在传统概念的范围里，如表 3 - 1 所示。

另有早期的理论家，如 Burns 和 Stalker（1961）试图描述与参与者视角完全独立的环境状态。客观环境的不确定性（Objective Environmental Uncertainty，OEU）指的是组织外部的环境状态（Milliken，1987），这是由环境的特性决定的。Dess 和 Beard（1984）提出任务环境包括三个基本维度：①复杂性（Complexity），指的是异质性，也就是指组织面对的外部因素的数量和多样性；②成长性（Munificence），这是环境中的资源能有效地促进企业成长的特性；③变动性（Volitility），这是指企业竞争时处于一个高度不稳定或动荡的市场。实证研究表明，与复杂性相比，变动性变动的剧烈程度解释了感知的不确定性的变化，并使企业决策时风险和困难加大（Bourgeois Ⅲ，1985）。因此，环境的波动性或不稳定性是环境不确定性的基本维度。表 3 - 1 几乎囊括了所有将变动性作为环境不确定性的一个关键维度的典型研究。客观环境的波动是环境元素变动，这些变动是可以被发现的，例如，通过构造一个指数来描述市场波动的平均值（Snyder，1987；Tosi et al.，1973）。之后的研究人员改进了测量方法，能够通过围绕均值的波动预测出变化趋势（Dess and Beard，1984；Li，2000；Loeg and Bovisov，2014）。

面对复杂多变的环境，企业在日常管理中该如何应对呢？首先，根据权变理论（Contingency Theory）的观点（Lawrence and Lorsch，1967；Thompson，1967），没有一种固定的理论和方法可以适用于所有的组织，在面对环境不确定性方面，理论界目前存在两种相反的态度：有的学者认为当不确定性程度较高时，企业应该通过提高其一体化程度——通过将各部门活动整合得更加紧密，从而降低不确定性带来的影响（Pfeffers and Salancik，1978）；然而有的学者则认为，企业在面对环境不确定性时，应该通过减少部门间的相互依赖关系从而提高其柔性，以期对外界环境做出较快的回应（Jan and Anne，1992）。

第三节 主观环境不确定性的测量和分析

根据前文定义，主观感知环境不确定性则要依赖于公司管理者或管理活动参与者在企业经营中所使用的关键信息，这些关键信息并不能在公开的数据中挖掘出来，因此，基于前期的文献综述和理论研究，我们采用内容分析来编码感知的环境不确定性和供应链柔性（第五章详述）。首先开发了编码程序和方案，用于对所有文本来源进行系统分类（例如 Krippendorff，2004；Weber，1990）。编码过程主要分为开放式编码和轴心式编码两部分。在前期企业的预调研中，先采取开放式编码得到关键词列表，并在中期由专家打分不断完善关键词清单的内容和二级内容。

第一，本书使用前期案例研究中三个重叠的数据来源（半结构式访谈、文件和参与者的沟通）中的句子和段落，以保持数据的一致性和细节丰富性。关键问题是探讨在最近的 5 年中商业环境的变化以及人们如何及时采取策略以应对这种变化。

第二，一共有 5 个编码人员：两位副教授、一位讲师和两个研究生。研究小组中的 5 位编码人员都对每个公司的所有材料来源进行检验。编码人员都必须深刻理解本书的设计方法，并将其探讨的一系列关键问题从总结报告中提炼出来并列成一个清单。在征得受访者同意以后，小组成员删除了多余的内容，并选择了只涉及环境状况和供应链战略的内容。所有这些段落或句子被编码为 NVivo 10 的自由节点。

第三，5 个编码成员的专业都是供应链管理相关专业，因此这 5 人组成一个专家小组，用以开发感知环境的不确定性和供应链柔性的编码规则。编码结构如图 3 - 1 所示，通过在较低级别的节点中搜索相应的关键字，建立了三个层次的节点。关键词的数量除以关键词总数，评分者间信度（IRA）计算认为达到至少80% 可靠的项目数除以项目总数的值，即认定其可靠性（Rubio et al.，2003）。

第四，利用上述的内容分析方法后，本书采用了一种简单的评分方法，它只是总结了每个在 Nvivo 节点层级上的所有节点次数，然后对其较高级别的频率和较低的级别频率求百分比。例如，在第一个层次上有"环境"的 N 个节点，在

自由节点	编码过程中的内容分类法		
第一级节点	环境 例如：需求、市场、产业、行业……	物流 例如：服务、库存、订单、维护、运输、递送	关系 例如：关系、协调、客户、供应商、合同
第二级节点	不确定性高 例如：竞争性、增加、促进、压力、饱和……	不确定性低 例如：持续、依旧、不变、稳定、稳步……	柔性高 例如：快速、及时、依X而定、调整、整合…… 柔性低 例如：一定量限制、仅仅、不变、严格规范
第三级节点	很高/低 例如：剧烈的、几乎、更加、完全、无论、完全不……		

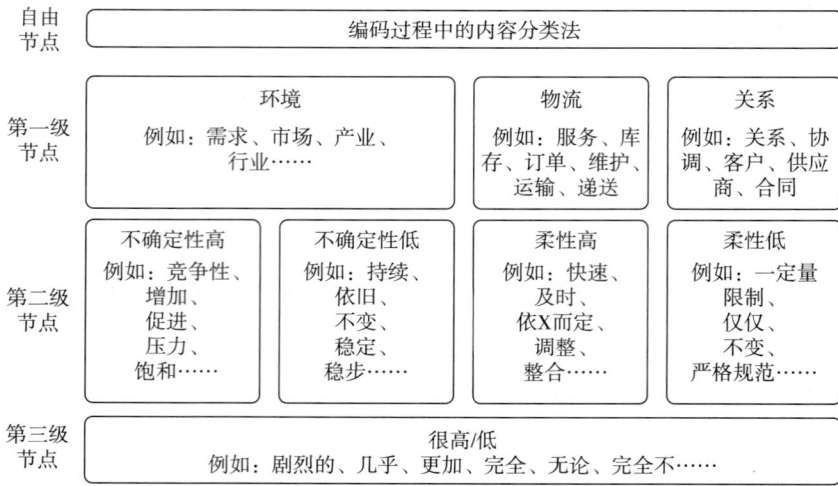

图 3-1　编码结构示意图

第二个层次上有"不确定性高"的 n 个节点，所以不确定性高的百分比是 n/N。

如表 3-2 和表 3-3 所示，其中，表 3-2 体现的是一级编码，主要是将企业材料中对于环境或者供应链柔性相关的内容进行编码，记为一级内容，在一级内容之下，再将其对于环境的描述进行二次编码，记为其对于环境或者柔性状态的一个描述。

表 3-2　开放式编码示例

典型引用	初始范畴
"由于环保数据的敏感性，还有一些环境政策的不确定性，从这一方面企业做会比较累，尽管累，但这是我们未来的方向……"	主观环境不确定性
"我们自己做维修，因为维修服务不挣钱，我们利用服务带动销售，我们有行业代理，或者划分地区，这样不会让某一个经销商控制很大范围……"	供应链柔性
"我们也清醒地认识到面临的困难和存在的不足，必须建立完善运营机制、规范科学管理……"	既有环境不确定性又有供应链柔性

表 3 - 3 轴心式编码示例

副范畴	主范畴	举例
需求状况、竞争状况、产业、行业、消费者、市场情况	主观环境不确定性	"面临新的发展格局和市场环境,我们提出'明晰战略,加快发展;人才强企,团队兴业;持续创新,静水深流,构建文化'这样的构想……"
增加、增长状况、竞争性、市场压力、变动是否剧烈	主观环境不确定性高	公司的经营环境发生了很大变化,煤价持续攀升,利润空间狭小,竞争日趋激烈……
不变、无差异、持续、稳定、缓慢	主观环境不确定性低	"中国电力行业全面重组,实现厂网分离,原来由国家电力公司统一管理,现在形成了多家区域子公司,呈现区域垄断,市场饱和……"
服务、响应速度、库存情况、仓储、订单、维修、维护、运营状况、区域分布、地区运送	物流状况	"各板块协调增长,特别是路港运输效率大幅提升,在增长中起到了关键作用"
短期、快速、及时、升级	物流柔性高	"上半年顺利过半,反映出集团产运销港电均衡运营能力进一步提高"
一定量、相对量、限制、单独、分散	物流柔性低	"各发电站分布较为分散,对运营能力提出了新的要求……"
关系、方案、协调、协商、协议、合同、条款、条约、协约、客户、供应商、反馈、沟通、会晤、会议	关系	"我们还建立了一个较为完善有效的内控系统,主要包括了预算管理、风险管理、授权管理等重要部分,对每一个管理流程都进行精细化管理,同时根据企业的发展需要,从制度规则入手,推动企业的规范化管理。"
再次、依 X 而定、长期、方便、及时报告、调整、改善、改变、网络、整合	关系柔性高	"实行了以主辅分离、运检分离为重点的体制改革,存续发电公司,组建独立的检修公司、辅业公司……"
缺乏整合、简单合并、严格规范/要求、构成比例、削弱、垄断	关系柔性低	"公司缺少一次能源支持,电源结构单一……"
激烈、特别、一点也不、无论	—	"相当激烈,最近来讲很激烈,PM2.5 这块我们公司也研究了一下,我们公司现在没有这个产品,因为我们调研了一下,现在厂家很多,挤进去很难,利润空间不大"

经过前期的样本试验,以及专家评分表对关键词句选定之后,我们的研究进

入了后期的农业上市公司分析阶段，在此阶段，我们运用 Nvivo 对每一个树状编码不断充实并进行总结与整理，从而能够在以后的研究中继续利用此次关键词的结果在 Nvivo 软件中实现自动编码，将二手数据扩展到 116 家农业企业上市公司 2014 年的财务报告，并运用上述研究方法，对主观环境不确定性进行了测量从而建立数据库。编码规则确立的流程基本如下：

首先，在已确定的材料中，由小组成员通读材料，对材料中涉及"环境"的词句进行编码，此过程为开放式编码，需要专业人员进行操作编码，得到有关环境的自由节点内容。在得到有关"环境"的自由节点内容之后，运用词频分析，获得"环境"自由节点内容中出现频次较高的词语（例如"市场""行业"等），这些词语即为一级题项中环境的二级轴心词。重复利用以上方法，逐步得到本次研究所需的环境和供应链柔性相关的所有轴心词，即形成了特定的关键词列表。

然后，将第一步探讨的一系列关键词提炼出来并列成一个清单。在征得受访者同意以后，小组成员删除了多余的内容，并选择了只涉及环境状况和供应链战略的内容。于是我们在初步清单的基础上，运用德尔菲法向 12 名专家投放了关于此次所需的关键词清单。在本次专家探讨中，小组中关键词列表是不断调整的，直到形成每个的平均评分者间信度（IRA）是 100% 后，最终形成了一个关键词列表。专家打分评价表详见附录 1。

最后，利用最终形成的关键词列表，在 Nvivo 软件中进行轴心式编码，并总结了每个层级上的所有节点次数，将其节点次数出现一次记一分，利用其节点的数量来实现对主观环境不确定性的一个测量或评分。

表 3 - 4 描述了此次用内容分析法所得到的 116 家企业主观不确定性的测量量表的均值和标准差。图 3 - 2 和图 3 - 3 的直方图表明，对需求成长性的主观认知水平普遍高于对需求波动性的主观认知水平，一方面说明农产品市场需求潜力大，整个农业行业的上行趋势明显，另一方面也说明企业决策者对这一市场趋势的乐观估计。图 3 - 4 和图 3 - 5 表明主观感知的竞争成长性普遍高于主观感知的竞争波动性。这可能与农产品市场的特点有关，因为农产品生产具有季节性周期性的特点，农产品市场的进入壁垒较高，因此整个农产品市场上竞争程度并没有需求侧的波动那么剧烈，也可以看出企业决策者对于农产品市场上的竞争因素并不敏感。

表 3 - 4 企业主观环境不确定性描述统计量

	个案数		平均值	标准偏差
	有效	缺失		
需要；需求；消费	116	36	272. 5517	49. 17482
需要；需求；消费—成长	116	36	17. 5517	9. 13412
需要；需求；消费—波动	116	36	5. 8448	2. 34652
客户；消费者	116	36	235. 8276	42. 03214
客户；消费者—成长	116	36	12. 4655	5. 33150
客户；消费者—波动	115	37	9. 5652	3. 30372
竞争	116	36	18. 3793	7. 70167
竞争—成长	116	36	2. 5517	2. 20807
竞争—波动	116	36	2. 0259	2. 01499
行业	116	36	583. 0345	144. 04359
行业—成长	116	36	25. 4052	9. 43995
行业—波动	116	36	9. 5345	3. 45009

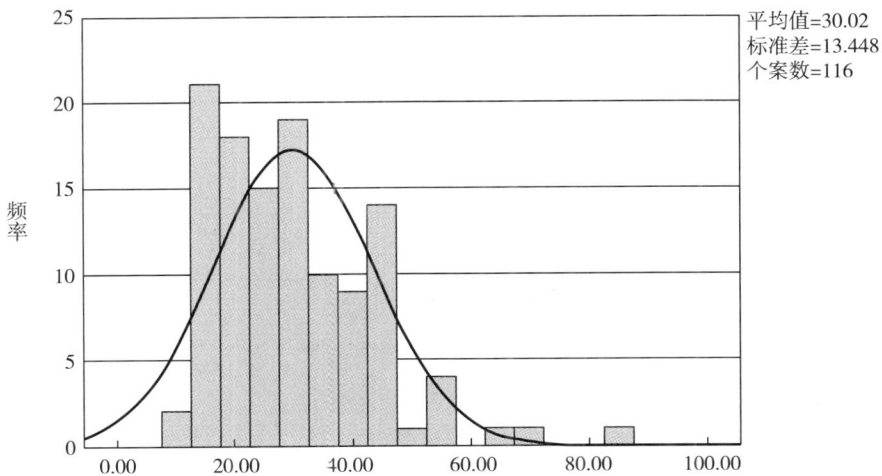

图 3 - 2 需求成长性的直方图

平均值=15.40
标准差=4.462
个案数=116

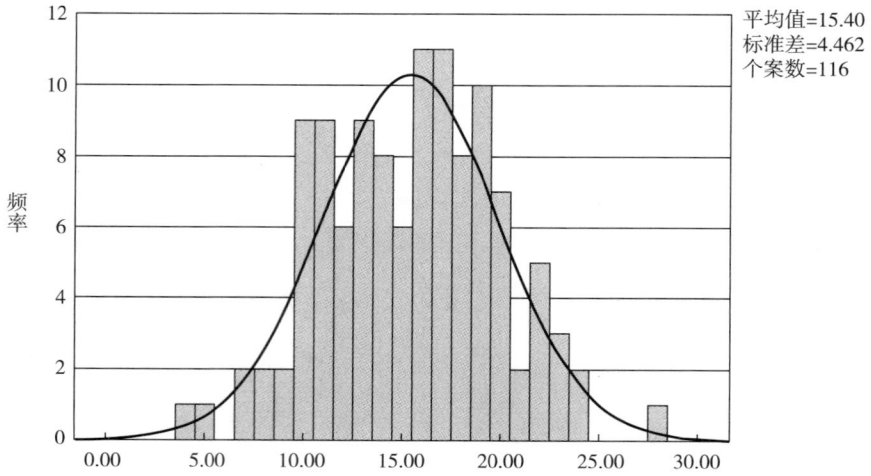

图 3 - 3　需求波动性的直方图

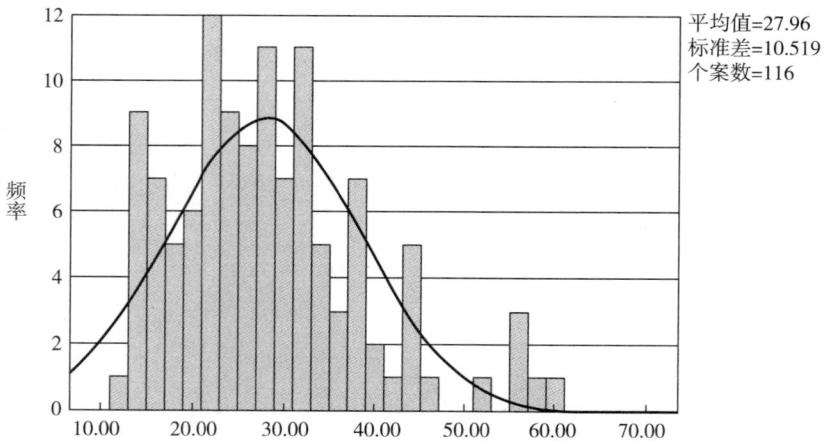

平均值=27.96
标准差=10.519
个案数=116

图 3 - 4　竞争成长性的直方图

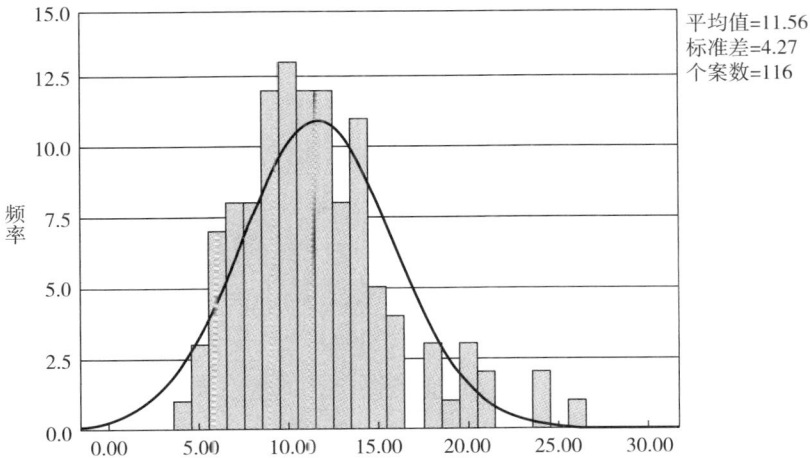

平均值=11.56
标准差=4.27
个案数=116

图 3 − 5 竞争波动性的直方图

第四节 客观环境不确定性的测量和分析

根据环境不确定性的定义，国内外众多学者对环境不确定性进行了分类。一方面，Duncan（1972）将环境不确定性划分为复杂性和动态性，而 Dess（1984）等将环境不确定性划分为三个维度，分别是复杂性、动态性和丰富性；Tan（1994）等则将环境不确定性划分为动态性、复杂性和竞争性三个维度。另一方面，有许多实证研究以管理者的主观不确定性量表来衡量企业的环境不确定性水平；而有些则基于客观解构视角，即通过对企业所处的环境维度衡量来确定其不确定性水平。本书根据 Dess 和 Beard（1984）所运用的数据处理方式，将环境的不确定性分为动态性（Instability）和成长性（Munificence）这两个维度分别测量，具体计算方式如下：

利用普通回归分析的方法，将 2004 ~ 2010 年和 2011 ~ 2018 年两段时间各子行业的总销售收入视为因变量，时间视为自变量进行普通回归分析，以此来测度成长性（Munificence）和动态性（Instability），公式如下：

$$Y_t = b_0 + b_1 t + a_1$$

其中，y 表示行业销售总收入；t 表示年份；a 表示残差。

其中，成长性（Munificence）代表在一段时间内某一行业销售收入相对增长或下降的程度。在这里，利用该回归方程中斜率的反对数来测度。在销售收入相对增长期间（即增长度较高），斜率为正；在销售收入相对降低期间（即增长度较低），斜率为负。

动态性（Instability）代表在一段时间内某一行业销售收入的波动性，因此我们使用该回归方程中斜率的标准误的反对数来测度（Keats and Hitt，1988；Boyd，1990）。当市场环境较为稳定时，业绩的增长（或下降）将会遵循一个可预测的模型而变动，因此标准误数值就较小；然而，当市场环境多变、不稳定时，销售收入的改变将不易预测，此时标准误则较大，从而表明市场波动程度较高。

表 3 - 5 展示了样本企业的客观环境不确定性的描述性统计。如图 3 - 6 所示，在 2010 年之前，农副食品加工行业与酒、饮料和精制茶叶以及传统农业的成长性都比较高；但是，近些年食品制造业的成长性明显提升，高于其他行业。如图 3 - 7 所示，2010 年之前，波动性最大的是食品制造业，明显高于传统农业、农副食品加工业，酒、饮料和精制茶业的波动性最低；而近些年来，农业的波动性显著增加，而食品制造业的波动性显著降低，酒、饮料和精制茶业的波动性也有一定的增加。

表 3 - 5　2004 ~ 2018 年环境变量的描述性统计

2004 ~ 2010 年	酒、饮料和精制茶业	食品制造业	农副食品加工业	农业
环境成长性	2.705	2.254	2.716	2.656
环境动态性	1.124	2.394	1.516	1.572
2011 ~ 2018 年	酒、饮料和精制茶业	食品制造业	农副食品加工业	农业
环境成长性	2.179	2.387	2.171	1.401
环境动态性	1.484	1.125	1.537	2.280

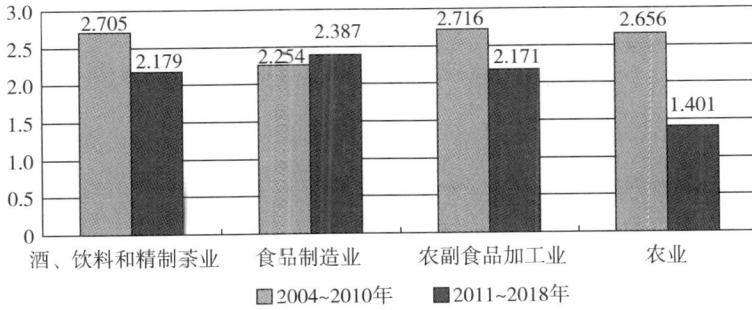

图 3 - 6　农业上市公司的环境成长性

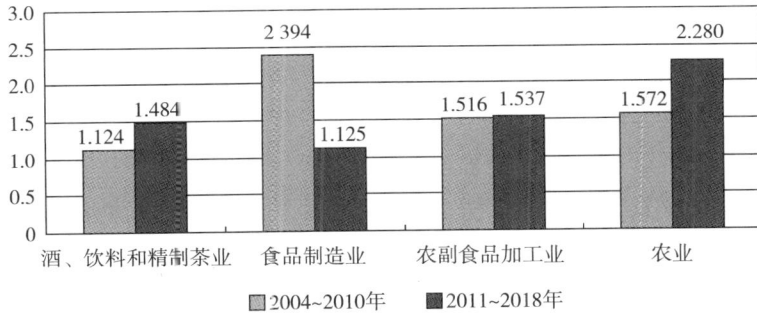

图 3 - 7　农业上市公司的环境动态性

第四章　农产品供应链的结构分析

第一节　供应链结构的研究意义

权变理论（Contingency Theory）是组织管理学中以具体情况及具体对策的应变思想为基础而形成的一种管理理论，最初应用在组织结构和领导行为中。权变理论的观点最早源于自然选择模型，也就是强调从外部环境角度出发，认为环境因素会选择那些与其相适应的组织特征（Aldrich，1971）。很多研究利用早期的权变理论来解释组织为了获得更高的绩效，如何通过调整其结构来达到与环境中的权变因素相适应的目的（Burns and Stalker，1961；Chandler，1962；Child，1975）。随着理论体系的不断发展和完善，权变理论被广泛应用到市场营销、战略管理、运营管理等其他管理学科领域中。Boyd 等学者（2011）对 1980～2000 年发表在《战略管理》期刊中的应用权变管理理论和方法的实证文献进行了综述。他们发现在 20 世纪 80 年代，还不到 1/3 的实证文章会引入权变理论，而 2000 年以后，超过半数的实证文章都会涉及权变因素。

关于组织结构的权变理论更确切的名称为结构权变理论（Structural Contingency Theory）。但结构权变理论是一种静态的分析视角，往往不能很好地解决组织变革和适应性的问题，也即由结构和权变因素之间的静态匹配获得较高的绩效。在一定程度上，该理论还是预见到了组织适应其变化的环境这一过程，只不过这种组织变革更具体地说是随着时间推移从一种匹配状态改变为另一种匹配状态，也就是后来发展起来的一个重要的理论模型——重获匹配的结构适应

(Structural Adaptation to Regain Fit, SARFIT) （Donaldson, 2001）。如图 4 - 1 所示，一种组织形式仅仅是维持暂时的匹配状态，一旦权变因素发生变化就会打破原先的状态，进入适应再匹配的过程中，而组织形态也会在这种匹配与不匹配的循环往复中不断变革。因此，组织变革的过程是受到外部环境控制的，并不一定是向着更加复杂或者更高级的组织形式发展，而是向着与环境更加匹配的方向发展（Aldrich and Pfeffer, 1976）。

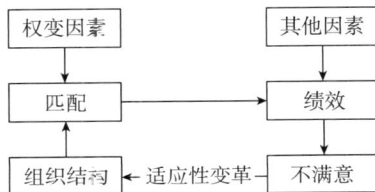

图 4 - 1 关于 SARFIT 模型的权变理论

渠道研究从 20 世纪 70 年代到 90 年代经历了三个阶段的发展：一是以效率和效益为中心的营销渠道理论，主要基于与效率有关的经济概念，而对营销渠道中的行为变量缺乏相应的研究；二是以权利和冲突为中心的营销渠道理论，将渠道看作渠道成员间既有合作又有竞争的联合体，后期转向了对信任、承诺等双边关系要素的研究；三是以关系和联盟为中心，逐渐向网络理论发展的营销渠道理论。

从 20 世纪 90 年代开始，研究者开始更多地关注网络结构而不是仅仅关注双边关系。这些研究主要是关于关系组合、网络演变、网络开发、企业的网络能力等。例如，Ford（1990）在其《理解商业市场：交互、关系和网络》一书中对过去 20 年中以交互模型为主导的买卖双边关系的研究进行了总结，同时关注与网络研究相关的网络结构、网络动态性、网络定位等主题的发展。Achrol（1991）对环境的多样性和动态性所带来的市场组织形式的演变进行了探讨，并对比了交易型和联盟型两类企业，提出了以共享、文化、承诺、信任等规范驱动的跨组织系统。随后，Achrol（1997，1999）又提出了从组织间关系到网络模式的研究发展趋势，并区分了市场内部网络、垂直市场网络（营销渠道网络）、市场间网络和机会网络的定义和特点，同时分析了政策经济模型中的权利、承诺和依赖性，以及社会学模型中的信任和规范在网络背景下的具体应用。国内的营销学者则更注重人际关系网络对渠道行为的影响，例如，庄贵军等（2007，2008）认为中国的人际关系呈现出一种以己为中心的由近及远的差序格局和以人伦为经、以亲疏为纬的人际网络，并且检验了人际关系、社会资本等构念对渠道行为的影响。

另外，在双边关系研究的基础上，与供应链管理相关的研究得到快速发展。供应链管理强调了从物料供应到产品交付的整个业务流程的流动和相互连接，也就是将链上所有企业包括供应商、生产商、经销商、零售商、第三方物流等一系列企业看作一个集成组织，对整条链上的物流、信息流、资金流进行集成管理，从而提高整条链的竞争力。例如，Mentzer 等（2001）对供应链管理的定义进行了梳理，并归纳了影响供应链管理的诸多因素，其中包含了诸如信任、承诺、依赖性等双边关系构念。Golicic 和 Mentzer（2006）又进一步将关系结构划分为关系等级和关系类型两方面。但是，Lambert 和 Cooper（2000）总结的供应链管理的构成部分除了供应链业务流程、供应链管理成分之外，还有供应链网络结构。因此，供应链网络的拓扑分析、基于代理的模拟等网络分析方法也被用来研究供应链网络的结构和动态演变过程等（Bhaskaran，1998；Swaminathan，Smith and Sadeh，1998）。图 4 - 2 描述了从企业间关系到供应链网络的发展过程。

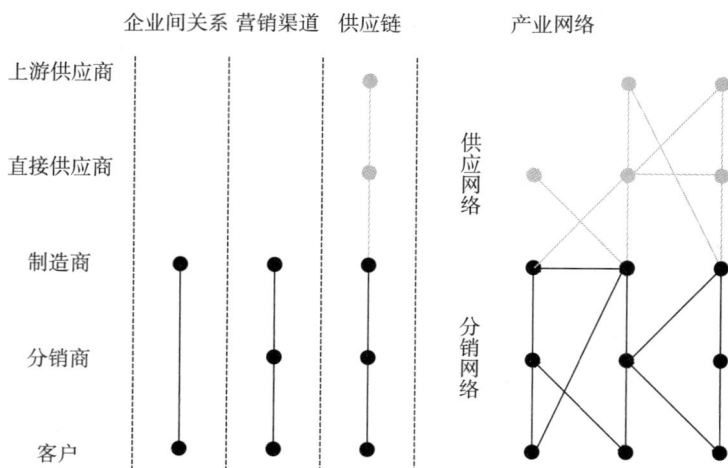

图 4 - 2   从企业间关系到渠道到供应链网络

资料来源：Ellis N. Business - to - Business marketing：Relationships，networks & strategies. Oxford University Press，New York，2011.

农产品供应链是一个为了生产销售共同产品而相互联系、相互依赖的组织系统（孙剑和李崇光，2006）。农产品供应链也和其他供应链一样，是为了将产品和服务送达市场而从事不同流程和活动的组织一起运作的一个网络（Christopher，2005）。对于这种组织结构的探讨，早期源于对最佳或主流农业组织形式的选择问题。针对中国农业产业组织演进中的组织创新，一些学者主张的主要形式应该是"龙头企业、中介组织、专业农协等＋农户"的准市场、准企业形式（孙天琦，2000；池泽新，2003），还有的对"公司＋农户""公司＋中介组织＋农户"等不同农业组织形式的选择依据进行了比较研究（罗必良等，2007）。这些研究实际上是对农产品供应链上游的结构进行分析，而有的研究则从下游的客户端出发，如任艳和安玉发（2010）分析了农产品批发市场内的经销商、购买者以及市场管理者对食品质量安全监管的认知情况。更多的研究则提出了整个农产品供应链的组织模式，如谭涛等（2004）总结出的以加工企业为核心的，以及以物流中心为核心的供应链整合模式。在此基础上，冷志杰（2006）又增加了以农产品企业为核心的和以营销企业为核心的两种农产品供应链模式。

第二节　基于内部市场网络的纵向一体化

内部市场网络是企业内部独立核算的单元，它们向其他内部和外部单元购买、销售或投资，从而满足它们的内部需求，但仍然受制于企业的政策范围。

纵向一体化是内部市场网络的一种具体体现，参考 Ray、Xue 和 Barney（2013）所使用的测度方法：

首先，按照销售收入的高低，确定各企业的主营业务（Primary Segment）和同时经营的上下游业务（Secondary Segment）。

其次，基于从中国投入产出协会官方网站公布的各子行业投入—产出数据，计算企业在 i 行业的主营业务与在 j 行业的副营业务之间的关联度：

$$V_{ij} = 1/2\left(a_{ij}/T_j + a_{ji}/T_i\right)$$

其中，a_{ij} 代表企业在行业 j 中为完成规定的总产量指标，在投入原材料时，需要在行业 i 中的总产量中获取的全部价值（即企业在产业 i 和产业 j 之间的投入一产出）；T_j 则代表行业 j 的总输出量；a_{ji} 和 T_i 与上同理。

最后，根据前两步骤计算出的 V_{ij} 和 V_{ji}，计算每个企业的一体化程度，根据公式：

$$Vertical\ Integration = \sum_j W_j V_j$$

其中，W_j 代表企业所涉及的第 j 个上下游业务的销售收入占上下游业务总营业额的百分比。

经过计算，如图 4 − 3 所示，在 116 家上市农业、食品企业中，有 55 家企业一体化程度较高，超过 0.2，占比达 47%，这类企业在提高纵向一体化程度中都做出了许多努力，例如整合上下游资源，加强供应链管理，创新采购管理和流程等；同时，有 13 家企业一体化程度较低，介于 0.1 与 0.2 之间占比 11%，可见上市农业、食品企业还需加强纵向一体化管理。

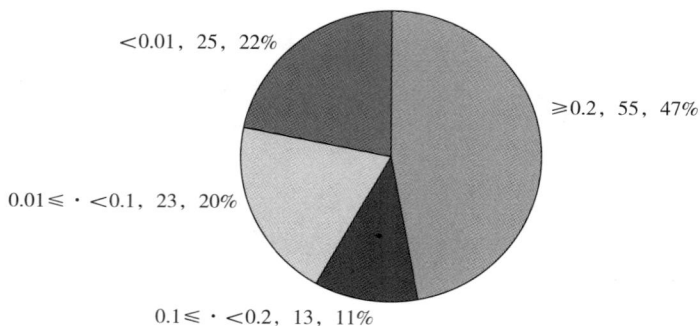

图 4 −3　农业上市企业的纵向一体化程度

注："≥0.2"指一体化程度大于等于 0.2 的有 55 家企业，占比 47%；"0.1≤·<0.2"指一体化程度在 0.1 和 0.2 之间的有 13 家企业，占比 11%；"0.01≤·<0.1"指一体化程度在 0.01 和 0.1 之间的有 23 家企业，占比 20%；"<0.01"指一体化程度小于 0.01 的有 25 家企业，占比 22%。

案例：

华夏新农于 2010 年 11 月 20 日进入皮毛产业，位于素有"中国养貉之乡""中国皮毛产业化基地"称号的河北省昌黎县泥井镇。是河北省农业产业化重点龙头企业，主营特种动物饲料加工、育种养殖、皮毛贸易、兽用中药材。旗下拥有河北华夏新农特种养殖科技股份公司、河北秋毫皮草有限公司、河北奥仍裘革制品有限公司、河北枫亚林业科技有限公司、昌黎县全农畜牧养殖专业合作社等企业。公司以育种、饲料、贸易、中药材为产业抓手，合作社、电子商务为服务平台，创新皮毛全产业链商业运营模式。同时经营三个主要板块，分别是贸易（5 年）、育种（3 年）和饲料（2 年）。集团公司成立以来，已拥有自己的育种研发中心，从芬兰、丹麦等国引进貂狐貉优良品种，改良与提升本地种群质量。建成占地 40 亩年产 30 万吨，国内最大规模的貂狐貉干鲜饲料厂。建成占地 229 亩年出栏 8 万只，国内最大规模狐貉育种养殖场。建成占地 1380 亩兽用中药材种植基地。公司以全农合作社为服务平台，为养殖户提供资金支持、特供饲料、特供良种、皮毛收购、信息技术等一条龙服务，现有社员上万名，覆盖养殖量 300 万只。公司作为中国皮毛专业供应商，拥有自主皮毛品牌"AUFU"，北京雅宝路、正天兴、浙江崇福、昌黎尼井、河北尚村五大直营中心构建了集团公司的销售网络，全球首家皮毛电商平台——中国皮毛超市网实现了皮毛贸易的全球化、全天候、高效率、低成本。由此整合皮毛产业（见图 4 - 4），成为国际著名的皮毛科技龙头企业。

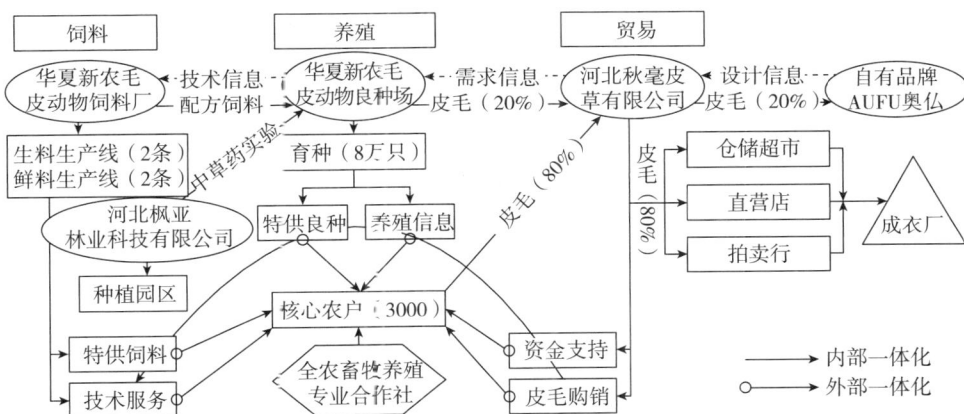

图 4 - 4　华夏新农皮毛产业链一体化新模式

第三节　基于市场垂直网络的供应链整合

市场垂直网络也即传统意义上的营销渠道网络，其核心是制造职能的焦点企业，也常常被称为"整合商"，扮演着管理整个网络和协调上游供应商、下游分销商的角色，因此被定义为围绕焦点企业组成的直接供应或分销关系的组织集合，焦点企业监控并且应对特定市场环境下的网络成员所面对的关键权变因素。供应链整合是与供应链伙伴和管理者进行企业间、企业内部的战略性合作（Zhao et al.，2008），其组织结构是一种典型的市场垂直网络。

如今，越来越多的运营学者开始关注供应链整合的话题，但是对供应链整合的理解仍然缺乏清晰的界定和准确的测度（Fabbe - Costes and Jahre，2008；Flynn，Huo and Zhao，2010）。供应链整合被 Zhao、Huo 和 Flynn（2008）定义为生产商与其供应链伙伴之间战略合作的程度，涉及对组织内和组织间的流程进行合作性的管理。这种整合的目的是实现更高效的物资流、信息流和资金流，从而以最低的成本和最快的速度为客户提供最大化的价值。本书也赞同这一定义并且认为供应链整合是组织内部和组织外部基于资源配置、协调和组合的一种战略合作（Flynn，Huo and Zhao，2010；Pagell，2004）。不管是内部还是外部供应链整合，都会促进整个供应链上跨组织边界的合作，最终对企业运营绩效产生正向的影响（Flynn，Huo and Zhao，2010；Wong and Wong，2011）。

对供应链整合的研究也区分了不同的维度，主要包括以下三种类型：一是整合信息；二是整合组织内的活动；三是整合供应链上的活动（Silvestro and Lustrato，2014）。这与经典的资源基础观将企业资源分成有形（例如，交易或者物流）和无形（例如，信息和知识）两类的观点是一致的（Olavarrieta and Ellinger，1997），因此供应链整合也可以分为两类。一类是运作整合，即合作性的活动开展、作业流程和协调性的决策（Leuschner，Rogers and Charvet，2013）。根据活动的不同，运作整合又包含涉及产品设计、采购、生产和分销职能的内部运作整合，以及涉及供应商和客户合作与协调的外部运作整合（Zhao et al.，2011）。另一类是信息整合，即部门内部或供应链伙伴之间共享信息的程度（Durugbo，2014；Prajogo and Olhager，2012）。与运作整合一样，信息整合也分为内部信息整合和外部信息整合（Yu et al.，2018），前者主要涉及通过运用 ERP 和其他共享物流与运作信息平台的信息系统整合（Roh and Hong，2015；Wang，Huo and Zhao，2016）；而后者则主要是指为达到组织间沟通和信息共享目的而开发的信息化连接（Xu，Huo and Sun，2014；Wong，Wong and Boon - itt，2013）。在农产品供应链中，整合被描述为从供应商到终端客户无缝连接的产品和信息流（Frohlich and Westbrook，2001）。农产品供应链的整合包括了对上游一级供应商的管理，或者下游一级客户的管理，或者前向和后向的连接（Gimenez and Ventura, 2005）。因此，农产品供应链也是由内部供应链整合和外部供应链整合两个维度构成的。同时，很多研究都强调农产品供应链整合作为保障和提高质量的有效机制应该得到更广泛的关注（Manning, Baines and Chadd, 2006; Song et al., 2017）。这背后的主要原理是解决了复杂的农产品供应链中信息不对称带来的风险，Song 等（2017）的研究中综述了多篇侧重农产品供应链中信息流研究的文献，都表明可追溯系统通常在农产品供应链中扮演着极为重要的角色（Mattevi and Jones, 2015），所以农产品供应链的整合可以通过提高产品可追溯性和透明化的程度，实现成员之间的信息共享，从而间接保证产品的质量与安全（Min and Zhou, 2002）。据此，在农产品供应链的情景下，本书主要聚焦供应链整合中信息维度的作用。

如前所述，本书侧重供应链整合的信息维度，因此供应链整合用两个关于不同信息系统有无的哑变量来进行测度。一个变量测量内部信息整合，即企业内部是否具有类似于 ERP 等的信息系统，若有，则为 1，否则为 0；另一个变量测量外部信息整合，即企业是否有可追溯系统或是销售数据分析系统，若有，则为 1，否则为 0。

从信息整合的程度来看，如图 4 - 5 所示，农业企业供应链（信息）整合程度非常低。在 115 家上市公司中有 90% 以上的企业都没有可追溯系统或者 ERP。

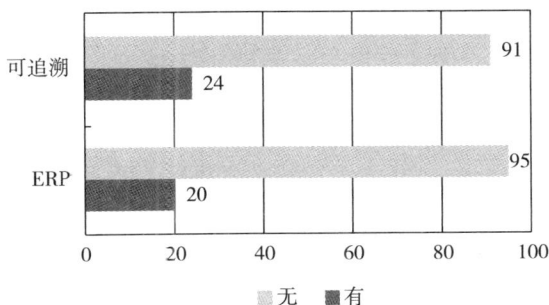

图 4 - 5　农业上市企业的供应链信息整合程度

案例：

大北农"三网一遄"的立体平台与大北农今日的辉煌成绩密不可分，它们的发展并非一日之功。首先，介绍一下大北农的信息化与集团转型历程（见图 4 - 6）。

1998年	2013年	2014年	2015年
启动信息化	提出智慧大北农战略	推出养猪行业"互联网+"解决方案	建设全球最大农业互联网平台的运营商
实行"供产销"信息化、协同工作系统（OA网）、进销财系统、客服网平台	向高科技的互联网类金融企业转型	融合移动互联网，推出"三网一通"新产品体系，以及养猪行业"互联网+"解决方案	成立北京农信互联科技有限公司，致力于成为全球最大农业互联网平台的运营商

图 4 - 6 大北农集团转型历程

资料来源：大北农信研究院。

大北农的农业信息化起源于 1998 年在公司内部实行的"供产销"信息化项目，之后逐步推出集团型企业的"协同工作系统（OA 网）"、中间商在线业务管理系统"进销财"、为中间商和农户提供线上服务的平台"客服网"，为目前全面开展"互联网＋猪业"工作奠定了坚实的基础。2013 年大北农提出了"智慧大北农"战略，宣布向高科技的互联网类金融企业转型。2014 年，公司加快实施移动互联网与智慧大北农战略，针对种养殖户和中间商重点推出了农信云、农信商城、农信金融及智农通"三网一通"新产品体系，其中猪联网就是在"三网一通"的基础平台上发展起来的养猪行业"互联网＋"解决方案。2015 年初，为加快智慧大北农战略的实施，公司启动了非公开发行股票计划，成立北京农信互联科技有限公司，以"用互联网改变农业"为使命，专注于农业互联网金融生态圈建设，致力于成为全球最大农业互联网平台的运营商，推动中国农业智慧化转型升级。

大北农以打造世界一流农业高科技企业为目标，在传统的农业基础上培植一个依托于互联网的新商业模式，力图通过新旧两类业务的 O2O 融合，在彻底改造升级传统业务的同时，孵化出一个服务于整个农业行业的互联网与金融服务专业平台，将公司打造成为一个高科技、互联网化和类金融的现代农业综合服务商。

大北农在围绕农业"数据＋电商＋金融"三大基础服务之上，逐步开发并推广了"猪联网""田联网"和"企联网"等落地平台，力图通过养猪人、种植户与涉农企业为入口，构建养猪人、种田人与涉农企业的闭环生态圈。

第四节　基于市场间网络的战略网络

首先从 Wind 数据库和企查查网站，收集 2007～2017 年间的原始数据，包括参股公司名录、直接持股比例、被参股公司营业收入/净利润、被参股公司主营业务。其次，根据原始数据画出持股网络矩阵（中心公司持股各公司股份比例）、供应链网络矩阵（包含被参股公司距离中心公司在供应链层次的距离）、净利润（各参股公司年净利润占中心公司的年净利润比例）网络矩阵，将各个矩阵导入 Ucinet 软件，计算供应链网络的各个维度的各变量数值。

1. 计算外部复杂性——集中度

采用集中度的概念和计算结果来分析不同企业的外部复杂性。因为企业外部主要面临上游、下游两部分，所以分别计算供应商集中度和客户集中度两个数值。对于集中度的计算，将参照经典的赫芬达尔—赫希曼指数（Herfindahl - Hirschman Index，HHI），它是产业市场集中度测量指标中的一个经典指标，能综合地反映企业的数目和相对规模。HHI 越大，表示市场集中程度越高，垄断程度越高。而垄断程度高，就意味着整个行业的复杂性低。计算中所用到的数据均来自公开招股书、年报，且选用了前五大供应商和前五大客户的数据。

2. 密度

密度是指测量自我中心网络/整体网中 N 个个体之间相互联络的程度，对于不同类型的关系网络可分为以下四种：

（1）无向性的二进制。

$$D = \frac{L}{C_N^2}$$

（2）有向性的二进制。

$$D = \frac{L}{2 \times C_N^2}$$

（3）赋值的无向性关系。

$$D = \frac{\sum L_w}{C_N^2}$$

（4）赋值的有向性关系。

$$D = \frac{\sum L_w}{2 \times C_N^2}$$

其中，D 表示关系密度，L 表示个体之间的联系，$\sum L_w$ 表示各种关系的所有

值的和 $C_N^2 = \dfrac{N!}{2! \times (N-2)!}$。

3. 中心度

根据 Freeman 在 1978 年发表的经典论文，本书采用点的相对度数中心度（Point Centrality）、点的中间中心度和点的整体中心度来度量中心度。点的绝对度数中心度就是与点直接相连的其他点的个数，当图的规模不同的时候，不同图中点的局部中心度不可比较。Freeman 提出相对度数中心度的概念，即点的绝对度数中心度与图中点的最大可能的度数之比。相对度数中心度是较为简单的概念，代表着点与其他点直接相连的数量。点的中间中心度（Betweenness Centrality）刻画点多大程度上位于图中其他"点对"的中间，一般来说度数较低的点可能起到重要的"中介"作用，因而位于网络中心。同样考虑到不同关系网络的规模不同难以比较，取相对值。点的整体中心度（Closeness Centrality）是一种针对不受他人控制的测度，Freeman 及后续的研究者采用点与点之间的"距离"来测量整体中心度，如果点与网络中其他点的"距离"都很短时，该点具有较高的整体中心度，同上文，本书取相对值。

（1）点的相对度数中心度（有方向）。

$$C'_{RD}(x) = \frac{x\ 的点入度 + x\ 的点出度}{2n - 2}$$

（2）点的相对中间中心度。

$$C'_{RB_i} = \frac{2\sum\limits_{j}^{n} \sum\limits_{k}^{n} b_{jk}(i)}{n^2 - 3n + 2}$$

（3）点的相对整体中心度。

$$C_{RP_i}^{-1} = \frac{\sum\limits_{j=1}^{n} d_{ij}}{(n-1)}$$

其中，n 为该网络中点的数量，b_{jk} 为第三个点 i 处于点 j 到点 k 的捷径上的概

率，d_{ij} 为点 i 到点 j 之间的捷径距离（即捷径中所含的条数）。

我们从 Wind 数据库下载企业 2009～2018 年的参股公司数据，单位为万元。同时，获取母公司主营业务信息和 2009～2018 年的净利润。之后，将数据转成以下几类矩阵：①控股矩阵：按控股比例填充通用矩阵（若直接控股比例空缺，采用表决权数据填充）年度数据，每列依次粘贴。②供应链（01）矩阵：根据原始数据中母公司主营业务信息和被参股公司主营业务判断是否存在供应链关系。③供应链矩阵：在供应链上的关系（−1，0，1，2），例如数值 1，表示子公司 1 是母公司的上游，除编码部分略有不同外（需要根据业务所在行业判断具体在供应链中的位置）。④净利润矩阵：首先计算出净利润占比，分年度计算；其次在通用矩阵中粘贴进每年占比。表 4−1 以金枫酒业的情况为示例，表示纵轴对横轴的控制情况。

表 4−1 金枫酒业的母子公司控股矩阵

	M	A1	A2	A3	A4	A5	A6	A7	A8	A9	A10	B1	B2	B3	B4	B5	B6	B7	B8	B9
M	0	0	0	0	0	0	0	0	0	0	0	100	100	70	60	19	14	10	5	0.67
A1	34.88	0	0	0	0	0	0	0	0	0	0	0	0	0	0	0	0	0	0	0
A2	4.42	0	0	0	0	0	0	0	0	0	0	0	0	0	0	0	0	0	0	0
A3	1.67	0	0	0	0	0	0	0	0	0	0	0	0	0	0	0	0	0	0	0
A4	1.11	0	0	0	0	0	0	0	0	0	0	0	0	0	0	0	0	0	0	0
A5	1.05	0	0	0	0	0	0	0	0	0	0	0	0	0	0	0	0	0	0	0
A6	0.99	0	0	0	0	0	0	0	0	0	0	0	0	0	0	0	0	0	0	0
A7	0.98	0	0	0	0	0	0	0	0	0	0	0	0	0	0	0	0	0	0	0
A8	0.96	0	0	0	0	0	0	0	0	0	0	0	0	0	0	0	0	0	0	0
A9	0.53	0	0	0	0	0	0	0	0	0	0	0	0	0	0	0	0	0	0	0
A10	0.53	0	0	0	0	0	0	0	0	0	0	0	0	0	0	0	0	0	0	0
B1	0	0	0	0	0	0	0	0	0	0	0	0	0	0	0	0	0	0	0	0
B2	0	0	0	0	0	0	0	0	0	0	0	0	0	0	0	0	0	0	0	0
B3	0	0	0	0	0	0	0	0	0	0	0	0	0	0	0	0	0	0	0	0
B4	0	0	0	0	0	0	0	0	0	0	0	0	0	0	0	0	0	0	0	0
B5	0	0	0	0	0	0	0	0	0	0	0	0	0	0	0	0	0	0	0	0
B6	0	0	0	0	0	0	0	0	0	0	0	0	0	0	0	0	0	0	0	0

	M	A1	A2	A3	A4	A5	A6	A7	A8	A9	A10	B1	B2	B3	B4	B5	B6	B7	B8	B9
B7	0	0	0	0	0	0	0	0	0	0	0	0	0	0	0	0	0	0	0	0
B8	0	0	0	0	0	0	0	0	0	0	0	0	0	0	0	0	0	0	0	0
B9	0	0	0	0	0	0	0	0	0	0	0	0	0	0	0	0	0	0	0	0

注：M 为主要研究公司，A 为股东，B 为子公司。

　　将得到的矩阵数据导入 Ucinet 中，就可以计算出每个矩阵的相应指标。例如在金枫酒业的例子中，结果如下：整体密度为 1.1205；点中间中心度为 90%；网络中心度为 26.32%。在青岛啤酒的结果中，整体密度为 1.4527；点中间中心度为 15.15%；网络中心度为 15.15%。

第五章　农产品供应链柔性战略

第一节　供应链柔性的研究意义

对于处在不会发生重大变化的稳定环境中的企业而言，保证运作的稳健性可能是最好的方式。然而，经济全球化、信息技术的发展和客户需求的多样性使得许多企业面临着高度复杂的、不可预测的以及多变的环境。对于这样的企业，柔性越来越成为核心的战略能力。从分析的角度来看，柔性供应链的概念创建了一个开放的系统，不仅包括供应链柔性的诸多维度，还包括其驱动因素、来源以及绩效结果。虽然这种开放系统的供应链柔性观点有助于解决这一问题，但同时也往往会导致分析水平和管理行为的混乱。特别是，可能会混淆组织结构、运作流程和间接绩效。

基于2015年之前发表的57项实证研究文献，Yu等（2015）遵循Miller（1981）的框架，将现有的供应链柔性实证研究做变量选择（少数对比）和样本分析（分段与样本范围），结果划分为四组，如图5-1所示。图5-1说明了变量和样本处理中的部分和整体趋势之间的相互作用。象限A展示的是一种局部的方法，在变量选择中会存在设定误差，同时以样本整体来分析无法区分不同子样本的差异。在目前的背景下，研究问题可以缩小并集中在一个特定的方面，如柔性的不同维度及其绩效。环境不确定性作为制造柔性的前因变量，依赖性作为规范柔性的前因变量，以及IT支持的共享能力作为供应链柔性的前因变量。然而，象限B表明，首先，越来越多的企业关系和行为相关的前因变量被引入丰富模型，包括人力投入、信任、期望、供应商参与、互惠互利、关系治理、信息共享，以及强制和非强制性影响。其次，许多商业策略与柔性相关，包括差异化战略、创新战略、客户导向战略和追随者战略，以及供应链导向和市场导向。最后，一些结构因素也被考虑在内，例如整合、多方采购和关系密度。此外，还考虑了其他环境因素，如环境动态性、产品复杂性和技术复杂性。但重要的是，当研究者确实考虑这些情境因素时，他们往往只将其视为前因变量而不是调节变量。最重要的是，象限 B 提出了一种研究方法，该方法选择了更多变量，这些变量丰富而广泛地描述了研究问题，以避免出现设定误差。大多数研究都位于这个象限中，在这样的研究中，企业被随机选入一个样本中，而不是根据情境因素分成几个子样本。结果表明，虽然大多数研究都位于整体象限，但很少有研究为其模型中的关键关系进行充分的描述和提出复杂的权变因素。总的来说，这个结果描绘了柔性的实证研究之间的不平衡和发展趋势。

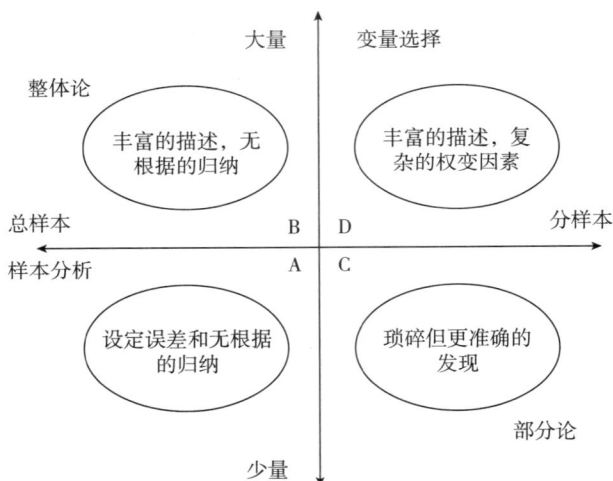

图 5-1 样本分析和变量选择中的部分和整体论

第二节 供应链柔性的定义和维度

在制造系统的背景下，柔性通常指的是系统应对变化的能力（Gupta and Buzacott, 1989）。然而，这个定义本身并不能解释"应对"变化意味着什么。一些研究人员试图从制造商的能力角度详细阐述"应对"的含义。Kim（1991）区分了制造柔性这个术语的两层含义：战略制造柔性（尤其不太可能与低成本制造战略兼容）和运营制造柔性，这是制造商应对不断变化的环境以及实现制造业务变化的能力。结合这两个方面，制造柔性的定义可以被理解为能够在时间、努力、成本或性能上做出改变或做出反应的能力。Upton（1994）扩展了柔性的两个初始要素：范围和反应（Slack，1987；Swamidass and Newell，1987）。Upton（1994）还设计了一个分析制造柔性的框架，包括其维度、时间范围和元素。后来的实证研究已经应用这个框架来衡量制造柔性（D'Souza and Williams，2000；Narasimhan and Das，2000）。

随着跨职能和跨公司的行为越来越多，只聚焦于制造柔性或许不足以应对更复杂和动荡的环境（Duclos et al.，2003；Kumar et al.，2006；Lummus et al.，2003；Sánchez and Pérez，2005）。环境的复杂性和动荡性需要更广泛的供应链柔性概念，这种供应链柔性的概念超出了单一企业的内部柔性（Lummus et al.，2003）。因此，供应链柔性的概念包含直接影响企业客户的柔性维度（见表5-1），要么是企业内部的功能，如营销或制造；要么是企业外部的功能，如涉及上游供应商或分销渠道下游成员的公司（Vickery et al.，1999）。因此，供应链柔性完整定义应包括供应链中所有参与者所需的柔性维度，以便成功地满足客户需求（Duclos et al.，2003）。以前的研究已经确定了供应链柔性的几个方面，并且大多数增加了一些与制造柔性相关的新维度。

基于 Sethi 和 Sethi（1990）的早期框架，Sánchez 和 Pérez（2005）提出了三个层次的供应链柔性维度：基础性—车间（产品、产量）、系统性—公司（交付、转运、延期）和链条（发布、采购、响应、访问）。九个维度是供应链中的内部或外部功能。Liu（2019）总结了以往供应链柔性的文献，发现虽然文献中存在不同的概念，但学者普遍认为供应链柔性具有内部和外部维度。虽然之前关于制造柔性的研究可能更关注内部维度，但供应链柔性显然倾向于更加重视外部维度。

单纯从垂直视角出发，有一个新的横向（链）系统维度，试图捕捉供应链中的每个过程，包括采购柔性、制造柔性和交付柔性（Fantazy et al.，2009；Jin et al.，2014；Kumar et al.，2006；Moon et al.，2012；Prater et al.，2001；Pujawan，2004；Swafford et al.，2006；Tipu and Fantazy，2014）。Sawhney（2006）还使用了更简单的类型，包括输入柔性、流程柔性和输出柔性。Huo（2018）通过文献综

表 5-1　供应链柔性的维度

文献	Logistics/Delivery/Distribution flexibility (分销柔性)	Sourcing/Supply/Procurement flexibility (供应柔性)	Product/New product/Product development flexibility (产品柔性)	Production/Manufacturing/Routing flexibility (制造柔性)	Information systems/Spanning flexibility (信息柔性)	Responsive/Relationship flexibility (关系柔性)	Operations system flexibility (其他)	Responsive flexibility	Organizational flexibility	Trans-shipment flexibility	Postponement flexibility
Vickery 等 (1999)	√	√	√								
Zhang 等 (2002)	√	√	√	√	√			√			
Duclos 等 (2003)	√	√			√		√	√	√		
Pujawan (2004)	√	√	√	√							
Sánchez 和 Pérez (2005)	√	√	√	√				√		√	√
Lummus 等 (2005)	√	√			√		√		√		
Kumar 等 (2006)	√		√			√		√			
Sezen 和 Yilmaz (2007)						√					
Wang 和 Wei (2007)		√				√					
Liao 等 (2010)		√				√					
Gosling 等 (2010)	√	√	√	√		√					
Moon 等 (2012)	√	√	√	√	√		√				
Yu 等 (2013)	√	√	√	√		√					
Tipu 和 Fantazy (2014)	√		√		√						
Rojo 等 (2016)	√	√	√	√	√		√				
Sreedevi 和 Saranga (2017)	√	√	√	√							
Yu 等 (2018)	√			√							
总计	14	13	11	9	6	6	4	4	2	1	1

述将供应链柔性分为内部柔性、客户和供应商柔性。内部柔性是贯穿内部职能的公司级能力，客户和供应商柔性是指外部的互联网能力，并且存在于焦点公司与其主要供应链合作伙伴之间的联系中。

然而，研究人员通常更倾向于支持将供应链柔性视为系统输出的想法，包括其垂直和水平维度（Duclos et al.，2003；Stevenson and Spring，2007；Zhang et al.，2002）。一些学者为这个系统添加了明确的组成部分，如跨层柔性（Zhang et al.，2002）、组织柔性和信息系统柔性（Duclos et al.，2003；Golden and Powell，1999；Stevenson and Spring，2007）。关于双边关系的研究开发了另一个相关的维度，作为一个关系规范的关系柔性（Boyle et al.，1992；Han et al.，2014；Heide and John，1992；Ivens，2005；Richey et al.，2012）。在引入运营管理文献时，关系柔性和网络柔性也成为供应链柔性的重要组成部分（Duclos et al.，2003；Golden and Powell，1999；Gosling et al.，2010；Liao et al.，2010；Stevenson and Spring，2007；Tachizawa and Thomsen，2007；Wang and Wei，2007；Yu，Cadeaux and Song，2017）。

第三节 供应链柔性的驱动因素、来源和绩效

在广泛的供应链环境中，研究人员会考虑不同类型的任务相关的不确定性，并认为每个维度都有相应的驱动因素。例如，Vickery等（1999）试图通过测试它们与营销、产品、竞争、需求和生产中产生的不确定性的联系来区分供应链柔性的不同维度。此外，Dreyer和Grønhaug（2004）努力确定哪些不确定因素推动不同类型的柔性。Sawhney（2006）开发的框架根据供应链中的界面对不确定性进行了分类，包括输入不确定性、过程不确定性和输出不确定性（Patel，2011；Wong et al.，2011）。最近的研究也广泛使用包括复杂性、成长性和波动性在内的客观测量（Gligor，2014；Gligor et al.，2015）。

供应链柔性的来源有内部和外部之分。供应链柔性研究者从制造业文献中借鉴了产品管理技术、工人培训/技能、劳动政策、信息系统等重要的组织内部资源。由于供应链中的柔性还涉及链中内部和合作伙伴之间的灵活性要求（Duclos et al.，2003），因此还包括组织间来源，诸如组织间信息系统（Golden and

Powell，1999；Kim et al.，2013）、采购或外包（Tachizawa and Gimenez，2009；Tachizawa and Thomsen，2007）以及信息共享（Blome et al.，2014；Chang and Huang，2012；Jin et al.，2014；Kim et al.，2013；Wang and Wei，2007；Yang，2014；Rojo，2017）等。但是，其他因素与供应链柔性更为相关：①强大的网络（供应链的设计）；②供应链关系（灵活性的各个方面在买方和供应商之间的关系）（Stevenson and Spring，2007）。例如，Lummus 等（2003）建议供应网络本身也是供应链柔性的一个特别相关的来源。Yu 等（2013）还测试了网络嵌入对下游供应链柔性的影响。Liao（2010）等将供应链柔性分为两个方面：供应商柔性和供应网络柔性，这反过来又受供应商选择/发展和战略联盟的影响。Purvis 等（2014）进一步说明供应商柔性和采购柔性实际上是供应网络柔性的来源。Chaudhuri（2017）研究表明内部集成和供应链关系管理对制造柔性有直接影响。供应链关系管理缓和了外部整合和柔性之间的关系。

Huo（2018）总结了内部柔性、客户柔性和供应商柔性的绩效。首先，内部柔性使公司能够提供各种客户所需功能的产品，并在需求波动时最大限度地减少客户的等待时间。因此，内部柔性可缩短交付周期并提高客户满意度。内部柔性的增加也减少了不确定性的威胁。它允许公司开发他们的生产组合并重新配置他们的生产系统以适应变化，从而提高性能。从组织能力的角度来看，内部柔性使公司能够配置其内部资源和能力来应对变化。其次，客户柔性允许公司适应下游市场的紧急订单和特殊订单。客户柔性表明公司能够与客户合作，通过各种交付方式提供各种产品。公司能够在合适的时间为正确的客户提供合适的产品，以此来获得竞争优势。客户柔性还使公司能够将营销知识嵌入其日常工作中，从而使他们能够识别客户的潜在需求，创建新的产品创意并成功商业化新产品。凭借高水平的客户柔性，公司能够大规模定制并与客户保持密切的关系。这些功能使公司能够有效地提供产品以应对客户变化。最后，具有高水平供应商柔性的公司可以通过降低不确定供应的风险来节省成本。他们可以轻松地修改生产计划，并通过可靠的材料供应提高客户响应能力。如果提供的材料发生变化，公司也可以快速解决兼容问题，从而减少质量问题。供应商柔性可以平稳供应流动，使公司能够应对动态供应市场、不可靠的材料和意外的供应短缺。因此，供应商柔性是一种组织能力，使供应商和焦点公司的柔性相匹配和融合，这将导致库存最小化和卓越的财务绩效。

第四节 农产品供应链的柔性分析

1. 供应链柔性的横向维度

遵循 Tangpong（2011）提出的内容分析标准步骤，对供应链柔性的横向维度和纵向维度进行编码。

（1）确定编码单位。本书使用上市企业年度报告"董事会报告"中的句子和段落作为记录单位。之所以选择"董事会报告"，是因为公司通常会在年度报告的这一部分报告当年的经营状况和第二年的战略规划。因此，几乎所有关于企业供应链管理的信息都可以从本部分的内容中获得。

（2）确定编码的内容类别。根据构念的定义，从年度报告的"董事会报告"中提取不同类型信息系统的内容类别：制造柔性、产品柔性、供应柔性和分销柔性。在此步骤中，确保了信息的完整性和全面性。

（3）制定编码规则。现有基于文献和调查的项目首先被用作识别构念的测量指标，并且要求由 12 名供应链管理领域专业人员组成的专家组评估每个题项的代表性和清晰度（清晰度范围为 1~4），以及表示项目所属的因素。根据 Rubio 等（2003）的研究对三种类型进行了分析。首先，计算评估者间信度（IRA）以评估内容有效性（Grant and Davis，1997；Lynn，1986）。将比例变换为 2 分，组合的值为 1 和 3，并且值 3 和 4 组合，并确定了 5 名以上的专家。因此，IRA 表示至少 80% 可靠的项目数除以项目总数的值（Rubio et al.，2003）。其次，通过计算将项目评级为 3 或 4 的专家数量计算每个项目的内容有效性指数（CVI），并将该数字除以专家总数，然后计算项目的平均 CVI 来估计该项目。最后，计算因子有效性指数（FVI）以确定专家将项目与其各自因素适当关联的程度。FVI 是指将项目与因子正确关联的专家数量除以每个项目的专家总数以度量项目的平均值。所有上述指数均超过 0.8（IRA = 0.8；CVI = 0.85；FVI = 0.93）（Davis，1992；Rubio et al.，2003）。

确认构念后，文本被解构，公司采用的措施转化为项目。例如，一个段落指出："公司关注研发投资，并继续改进设备以及创新产品。该公司还可以通过提高产品质量，进一步加工产品以增加更多价值，增加高科技含量（提高技术在产品创新中的重要性），提高价格以提高盈利能力"，我们可以将其分为三个项目：
增加研发投资、增加产品价值、提高技术含量。

在制定了初始编码规则之后，我们通过测试可靠性（在第（5）步中解释）
确定了最终编码规则，并对数据库中每个公司的年度报告中的文本进行了编码。
表5－2提供了用于测量柔性变量的最终编码菜单的细节。

表5－2　供应链柔性维度与编码条目

柔性维度	编码条目	参考文献
生产柔性	扩大产能	Karen 等（2012），Malhotra（2012）
	提高生产设备水平，规范、整合、优化生产流程	Karen 等（2012）
	工艺优化，技术进步、改造	Pagell 和 Krause（1999）
	工厂、车间建设	Pagell 和 Krause（2004）
	开发新生产线	Pagell 和 Krause（2004），Malhotra（2012）
产品开发柔性	优化产品结构、层次	Swafford 等（2006），Malhotra（2012）
	整合、延伸产品线	Swafford 等（2006），Malhotra（2012）
	科研、产研结合，建立技术研发中心	Swafford 等（2006）
	产品升级换代，新产品研发，发明专利、知识产权	Karen 等（2012），Malhotra（2012）
	提高产品附加值	Karen 等（2012）
供应柔性	拓展供应面	Karen 等（2012）
	原料（成本、品类、质量）控制	Karen 等（2012）
	打造上游，稳定原料供应，建立原料生产基地	Karen 等（2012）
	优化供应渠道	Karen 等（2012）
	改善供应商关系	Karen 等（2012）
分销柔性	库存仓储建设	Karen 等（2012）
	拓展、创新渠道	Karen 等（2012）
	优化库存结构，提升存储能力，加强存储管理	Karen 等（2012）
	运输，冷链物流	Karen 等（2012）
	改善经销商关系，营销网络建设，调整营销组织结构，深度分销	Karen 等（2012）

（4）获取定量数据。目前的研究采用了一种有效的评分方法。根据上述内
容，供应链柔性的每个维度分配了五个编码项目。每个项目都被编码为虚拟变

量，如果公司有相应的实践则评分为 1；如果没有，则评分为 0。如果一家公司在一年内完成所有五项实践，则得分为 5；如果该公司在该年没有实践，则得分为 0。对于反应性供应链柔性的维度，得分来自 2010 年运营条件的内容。由于主动性供应链的柔性是预测未来变化以提高柔性的能力，其维度的得分来自 2011 年的战略规划。为了确保所有公司都达到他们计划的预期柔性水平，我们还在 2011 年对实际的柔性能力进行了编码，并在 2010 年测试了其与主动性供应链柔性的相关性。结果表明相关系数为 0.52 且在 p<0.001 的条件下显著，表明我们衡量供应链柔性的高度收敛效度。最后，供应链柔性的四个维度分数之和是供应链柔性的总分。

（5）可靠性分析。仅使用一个编码器将增加结果的主观性和偏见，因此，需要更多的编码员来独立完成相同的任务。当所有编码结果达到高度一致性时，编码被认为是可靠的（Weber，1990）。在计算一致性后，在群体中选择 10% ~ 20% 的样本并对整个样本进行编码是常用的方法（Neuendorf，2002）。Holsti 函数被广泛用于测试一致性，如下所示：

$$H = 2A/ (B_1 + B_2)$$

其中，A 表示所有编码员同意的项目数，B_1 和 B_2 表示所有编码单位的数量。

4 名编码员参与了这项研究，其中包括两名助理教授和两名主修供应链管理的研究生。编码员理解研究的设计方法，编码员分为两组，他们首先在 20 个文本单元的样本上测试初始编码规则，以评估编码规则和编码可靠性的完整性，确保编码规则可以捕获每个记录单元中的内容。

Holsti 函数表明编码可靠性为 0.9，超过了阈值水平。对于预测试中的几个不一致的代码，编码员首先重新访问并修改了编码规则。例如，"有效实施纠正措施或改变客户要求的当前产品的微小变化的能力"是衡量制造柔性的一个项目（Pagell and Krause，2004）。然而，一组编码员怀疑是否有"优化"制造技术就表示了这种能力。因此，他们与另一组讨论了这一问题，并且两个小组达成共识，即与当前产品相对应的制造技术的开发可以被编码为制造柔性的证据。其次，编码员重新测试修改后的编码规则用于另一轮编码。最后，编码员独立编码所有其他年度报告，并交叉检查编码结果的一致性。

结果如图 5-2 所示，适应性柔性的最大值为 12，即在所有农业上市公司中适应性柔性最高分是 12 分。经过数据查询，发现是广东海大集团股份有限公司获得了适应性柔性的最高分。该公司在 2010 年报中展现了其在供应链管理中做出的努力，例如扩大产能、加强产品和技术研发、开拓采购渠道、与多国供应商保持良好合作关系、新经销商开发等。另外，如图 5-3 所示，共有 15 家企业的适应性柔性得分为 8 分，占比最大为 18%；占比排名第二的适应性柔性得分为 4 分，共有 12 家企业，在 84 家企业中占到了 14%；获得最低分 0 分的企业共有 2 家，分别是山东新华锦国际股份有限公司和广东肇庆星湖生物科技股份有限公司。

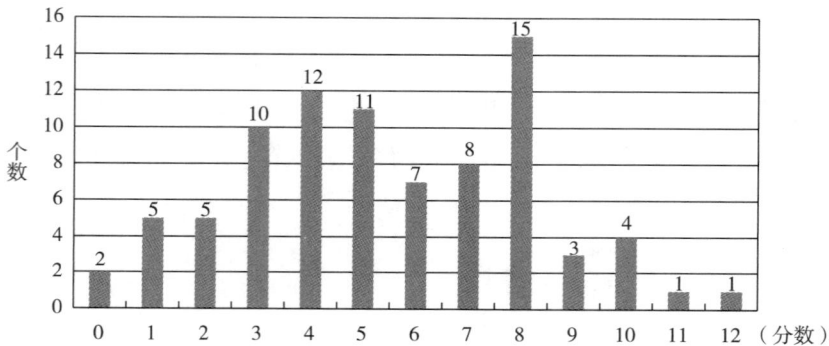

图 5-2　适应性柔性分数直方图

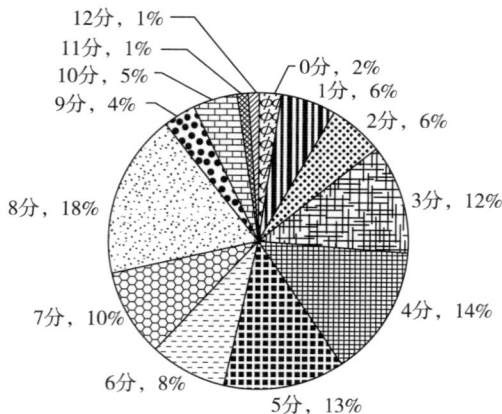

图 5-3　适应性柔性分数百分比情况

从图 5-4 中可看出，前摄性柔性的最大值是 15 分，重庆涪陵榨菜集团股份有限公司获得了最高分。该公司在 2011 年的工作计划中提出了比较多的有关供应链管理的措施，例如加强技术改造、投资新生产线、修建技术开发中心、扩大原料基地范围、积极拓展新渠道等。如图 5－5 所示，样本中共有 12 家企业的前摄性柔性得分为 6 分，占比最大为 14%；其次是占比达到 11% 的 9 家企业，它们的前摄性柔性得分均为 5 分；前摄性柔性得分为 0 的企业并不少，共有 6 家，占比 7%。董事会报告中显示，在预测外界环境可能发生的变化上，这些企业关于未来的计划和举措并不充分。这些影响了其前摄性柔性的得分，且使其取值较低。

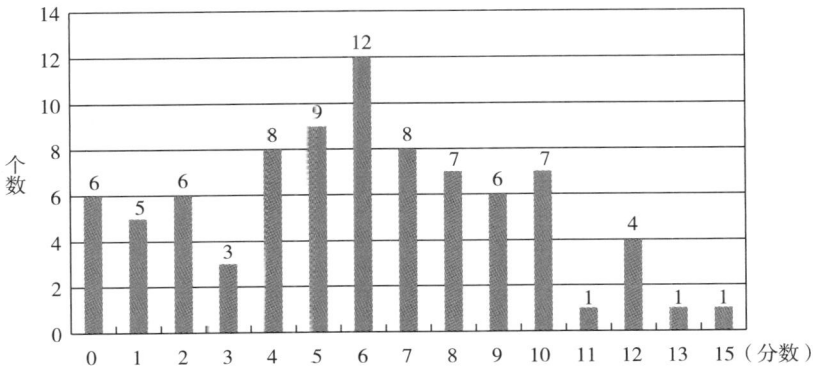

图 5－4　前摄性柔性分数直方图

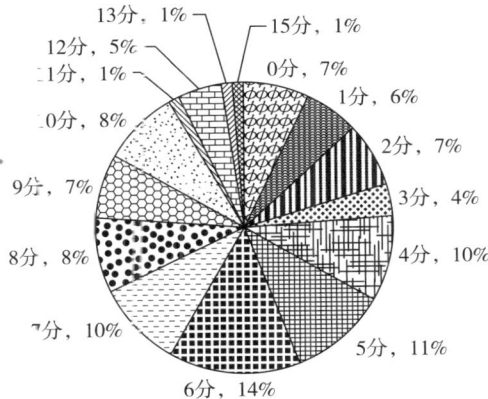

图 5－5　前摄性柔性分数百分比情况

2. 供应链柔性的纵向维度

基于前期供应链柔性横向维度的手动编码，我们使用了第三章提到的编码环境不确定性的方法在 Nvivo 软件中实现对供应链柔性的自动编码（见附录1），并使用了 116 家农业企业上市公司 2015 年的财务报告，建立了供应链柔性测量的数据库（见附录2）。表 5 – 3 是所有测量项目的描述性统计。

表 5 – 3　供应链柔性测量项目的描述性统计

	N	最小值	最大值	均值	标准偏差
工艺；技术	116	168.00	740.00	293.8707	100.07150
工艺；技术—变化	116	3.00	58.00	17.6724	10.30135
工艺；技术—多样	116	10.00	88.00	30.3017	13.76904
机械；机器；设备	116	152.00	453.00	249.3534	49.34215
机械；机器；设备—变化	116	3.00	32.00	13.4397	5.82541
机械；机器；设备—多样	116	12.00	159.00	50.6724	24.17824
生产；制造	116	26.00	195.00	74.8707	28.30564
生产；制造—变化	116	0.00	23.00	6.2328	4.59746
生产；制造—多样	116	0.00	69.00	9.7500	10.87468
产量；产能	116	0.00	30.00	7.7414	5.73641
产量；产能—变化	116	0.00	7.00	0.9914	1.39873
产量；产能—多样	116	0.00	9.00	1.7414	2.04778
运作；加工；车间	116	5.00	136.00	30.3879	20.57807
运作；加工；车间—变化	116	0.00	12.00	2.3362	2.38088
运作；加工；车间—多样	116	0.00	28.00	4.0862	4.32097
养殖；种植	116	0.00	178.00	19.4483	32.38205
养殖；种植—变化	116	0.00	25.00	1.5776	3.68582
养殖；种植—多样	116	0.00	45.00	3.0086	5.72940
原料；辅料；原材料	116	2.00	85.00	13.7500	11.83501
原料；辅料；原材料—变化	116	0.00	13.00	0.8966	1.65440
原料；辅料；原材料—多样	116	0.00	31.00	2.0172	3.57280
采购；购置；基地	116	3.00	50.00	19.0862	9.46349
采购；购置；基地—变化	116	0.00	15.00	1.3534	1.96161
采购；购置；基地—多样	116	1.00	26.00	5.7069	4.34795
仓储；库存；库房；存放；储存；窖藏	116	12.00	46.00	24.5086	6.02530

续表

	N	最小值	最大值	均值	标准偏差
仓储；库存；库房；储存；窖藏—变化	116	0.00	5.00	0.6638	1.16428
仓储；库存；库房；存放；储存；窖藏—多样	116	0.00	11.00	3.3276	1.75834
销售；营销；分销；渠道；网络；网点；言	116	22.00	196.00	84.7586	26.87576
销售；营销；分销；渠道—变化	116	0.00	24.00	6.0603	4.37838
销售；营销；分销；渠道—多样	116	0.00	31.00	10.8966	6.55330
订单；订货；配货；调拨	116	0.00	9.00	1.0086	1.87661
订单；订货；配货；调拨—变化	116	0.00	6.00	0.1121	0.60104
订单；订货；配货；调拨—多样	116	0.00	6.00	0.5259	1.00832
物流中心；平台	116	0.00	44.00	6.3879	7.00903
物流中心；平台—变化	116	0.00	4.00	0.7414	0.94290
物流中心；平台—多样	116	0.00	13.00	2.3879	2.77809
供应商；经销商	116	0.00	22.00	6.0517	4.35959
供应商；经销商—变化	116	0.00	7.00	0.6293	1.21962
供应商；经销商—多样	116	0.00	5.00	0.7155	1.03677
ERP；信息平台	116	0.00	7.00	0.3879	0.98486
ERP；信息平台—变化	116	0.00	3.00	0.1379	0.45486
ERP；信息平台—多样	116	0.00	3.00	0.1897	0.54236
追溯；溯源	116	0.00	27.00	4.1897	3.73215
追溯；溯源—变化	116	0.00	24.00	1.9138	2.43371
追溯；溯源—多样	116	0.00	6.00	0.3879	0.90190
产销信息；电子商务	116	0.00	43.00	3.1724	6.09387
产销信息；电子商务—变化	116	0.00	2.00	0.1293	0.42794
产销信息；电子商务—多样	116	0.00	6.00	0.4052	0.96889
有效个案数	116				

　　同时，我们将116家7个维度——产品柔性、生产柔性、供应柔性、分销柔性、物流柔性、关系柔性、信息柔性的测量项目分别加总后得到了供应链柔性的总和，并以此为指标对企业进行了排名（见附录2）。

　　表5-4显示，在116家企业的材料中，被谈及最多的是产品柔性的关键词，谈及较少的是物流柔性和关系柔性，原因在于：第一，物流柔性和关系柔性中可代表的关键词只有"物流中心""供应商"两个词汇，而在产品柔性中，关键词

提取了 7 个，在 Nvivo 内容检索中检索次数较多，因此结果较好。第二，在此次检索的 116 家企业财报中，大部分处于农产品加工制作行业，对于产品柔性和生产柔性较为重视，因此产品柔性和生产柔性检索范围较好。同样，因为在 116 家企业中，除了农产品加工制作行业企业以外，还有部分农业企业，由于主营范围的不同，所以产生了标准差较大的结果，也符合预期。

表 5 – 4　供应链柔性描述统计量

	N	极小值	极大值	均值	标准差
产品柔性	116	706.00	1853.00	1115.1810	218.82499
生产柔性	116	37.00	347.00	113.0000	45.27136
供应柔性	116	6.00	234.00	52.2845	40.54773
分销柔性	116	46.00	212.00	110.2759	28.16430
物流柔性	116	0.00	44.00	6.3879	7.00903
关系柔性	116	0.00	22.00	6.0517	4.35959
信息柔性	116	0.00	48.00	7.7500	7.17590
有效的 N（列表状态）	116				

案例：

（1）得利斯。

山东得利斯食品股份有限公司是一家大型食品专营企业，主要以生猪屠宰、冷却肉、低温肉制品、调理食品加工为主营业务。得利斯成立于 2003 年，总部位于山东，在北京、吉林、西安均开设有分公司。得利斯拥有农业、食品加工、畜牧、生物科技四大产业平台。在农业方面，得利斯主要从事粮油饲料加工，同时还建立了粮食存储基地，成为北方大型粮油加工物流集散中心。在食品加工方面，得利斯拥有完整的绿色食品产业链，构建了从源头到餐桌的全程控制体系。得利斯拥有先进的生产工艺，从德国引进了先进的生产设备用于生猪屠宰项目，并在山东、北京、吉林、西安等省市都建立了低温肉制品生产基地。在畜牧方面，得利斯主要从事生猪品种改良、繁育、推广和养殖，并且建立了生猪产销合作社、标准化养殖场，还拥有自己的生猪基地，打造了"公司 + 合作社 + 养猪场"的模式。在生物科技方面，得利斯主要是利用生物技术，对猪副产品进行深加工，开发出了胶原蛋白等高科技产品。该公司产品类型丰富，拥有多达 100 余种的冷冻肉产品，以及 100 多种的火腿、香肠类低温肉制品。除此之外，得利斯的市场营销网络布局合理，处于同行业领先地位。该公司还拥有完善的冷链运输体系，食品质量得到了严格的保证。

在面对2010年生猪价格变动较大的情况下，得利斯建立了生猪市场行情预测分析机制，利用公司的大型冷库，决定合适的猪肉库存量，提高了分销柔性，从而有效地应对生猪和猪肉价格波动的影响。在市场需求发生变化时，得利斯对现有产品进行仔细梳理和细分，调整产品结构，不断推出新产品，提高产品的开发柔性，满足消费者新的产品需求。在产品品质日益受到消费者关注的情况下，得利斯结合高档肉制品项目建设，引进海外先进工艺，对传统工艺进行不断升级，提升了生产柔性，满足消费者对品质的需求。在面对生猪疫情多发的情况下，得利斯建立了自己的生猪养殖基地，保证了稳定充足的生猪资源，并可以对生猪养殖进行密切的监控，加强疾病防控，这些举措提高了其供应柔性，也有效防止了生猪疫情的发生。

（2）江苏洋河。

江苏洋河酒厂股份有限公司位于江苏省宿迁市，成立于2002年，拥有员工7000余人。在产品方面，该公司主要从事中高档白酒的生产和销售，旗下拥有蓝色经典、绵柔苏酒、柔和双沟等系列产品，产品结构相对比较单一。公司十分重视产品质量，先后通过了多种质量体系和食品卫生安全控制体系。在生产方面，江苏洋河拥有自己的酿酒生产基地，采用传统的固态发酵工艺，利用先进技术将基酒勾兑为成品酒，年产能在3万吨左右。除此之外，该公司还拥有技术研发中心，且生产技术水平过硬。在市场布局方面，该公司的主要市场还是位于江苏，2010年江苏省的营业收入占到了公司总体营业收入的75%，市场布局相对集中。江苏洋河主要采用"深度分销"的营销模式，即与经销商进行合作，利用超市等销售终端销售白酒产品。

在产能不足的情况下，江苏洋河积极加快技改工程和储酒工程的建设速度，提高了生产柔性，有效扩充了产能。另外，在生产效率无法满足生产需求的情况下，江苏洋河积极推进流程优化，推行工艺改善，提高生产柔性，促进生产效率不断提升。为了顺应市场消费需求，江苏洋河积极贯彻科研战略，建设科研平台，引进科技人才，积极开发高端产品，提升产品开发柔性，不仅提高了产品质量，还提升了企业形象。另外，在面对产品结构较为单一的情况下，江苏洋河坚持品牌高端化战略，进一步优化产品结构，保持中高端产品高速增长，这也是产品开发柔性的相关举措。

第六章　农产品供应链质量战略

第一节　质量管理的研究意义

质量管理（QM）是运营管理领域最相关的研究课题之一（Filippini，1997），学术界已认识到它的重要性（Chen，1997；Cobbett and Rastrick，2000），因此质量管理在研究领域达到了成熟的状态（Sousa and Voss，2002）。

质量管理的定义应该是有界限的（Wacker，1998），并且基于先前的理论不断发展。Kaynak 和 Hartley（2005）认为，质量管理是一种整体管理理念，它通过持续改进和组织变革来促进组织的所有功能。现有研究提供了两个可能的竞争定义来满足这些标准：Dean 和 Bowen（1994）将质量管理定义为以客户为中心，持续改进和团队合作；而 Sitkin 等（1994）将质量管理表述为客户满意度、持续改进和组织系统视图。虽然两个定义都非常相似，但 Sitkin 等（1994）的定义从系统角度考虑，这个角度与 Deming（1986，1994）等的质量思想兼容。Casadesús 和 de Castro（2005）指出 ISO 9000 等质量认证标准的存在已经引起了质量管理相关概念的广泛传播（甚至是与全面质量管理相关的概念），但这些概念在原则上与质量保证本身相去甚远。Kaynak 和 Hartley（2005）的研究证实，质量管理需要被作为一个整体系统来执行，而不仅仅是一套松散的质量实践，供应链上的不同公司必须开发基于协作、沟通的集成实践。他们建议管理者应该将他们的视野扩展到公司以外的供应链来管理质量。这也就解释了为何"无论是通过管理层选择还是通过供应合同选择，质量管理实践都得到实施，但并不总是有效地提高产品质量"。

与此相关的研究主题集中在探索 QM 与企业绩效之间的关系（Hayiak，2003）、经营绩效（Sam，1999）、关系因素中的重要因素上（Hendrix and Singhal，2001；Liorns et al.，2003）。绝大部分学者认为质量管理能够提升公司绩效（Hendricks and Singhal，1996，1997，2001；Kaynak，2003；Douglas and Judge，2001；Flynn et al.，1995；Easton and Jarrell，1998）。Hendricks 和 Singhal（1996，1997，2001）认为，有效实施质量管理可以提高企业绩效，但尚不清楚有效实施的含义。Mahour Mellat - Parast 从学习的角度展开调查发现，质量管理有助于合作学习并改善组织间的学习过程；在供应链层面，它也提高了供应链满意度和供应链绩效。企业间信任是任何公司间网络，如供应链的启动、发展和成功中最关键的因素（Cai et al.，2010；Fawcett et al.，2012）；Yeung 等（2006）发现质量管理的实施，支持企业间信任的形成和发展。综上所述，质量管理实践是能够直接或间接地导致质量绩效提高和树立竞争优势的关键活动（Flynn et al.，1995）。

第二节　供应链质量管理的概念和维度

文献表明，公司的质量管理方法和供应链管理实践相辅相成，为了实现卓越的财务和业务绩效需要进行整合（Kannan and Tan，2005；Yeung et al.，2006；Kaynak and Hartley，2008；Terziovski and Hermel，2011）。因此一些研究将质量管理（QM）和供应链管理（SCM）之间的整合定义为供应链质量管理——SCQM（Lin and Gibson，2011；Mahdiraji et al.，2012）。Robinson 和 Malhotra（2005）将 SCQM 定义为"正式协调和整合涉及供应渠道中所有合作组织的业务流程，以衡量、分析和持续改进产品、服务和流程，以创造价值并实现市场中的中间和最终客户的满意度"，这样一个系统的目的是"为市场中的中间和最终客户创造价值并实现满意"（Robinson and Malhotra，2005）。从本质上讲，SCQM 不是对供应链的研究，而是从供应链角度对质量管理的进一步理解，旨在通过量身定制的质量管理实践来帮助企业建立供应链竞争力（Madu and Kuei，2004；Kuei et al.，2008），帮助和支持企业变得更加有效和高效。

现有的大多数研究都将 SCQM 划分为七个维度：供应商管理（供应商评估、

供应商质量管理）；以客户为中心；内部流程（产品/服务设计、流程管理、后勤）；人力资源管理；最高管理层支持；信息（信息共享、信息质量、信息管理、信息技术）；供应链整合（Flynn et al.，1994）。Reihaneh 等（2016）对 SC-QM 进行的维度划分也与之类似：以客户为中心；供应商质量管理；供应链管理领导力；供应链质量策略；过程方法；供应链信息系统；人力资源开发。Kuei 等（2008，2011）提出全球 SCQM 概念框架有四个维度：供应链能力、关键成功因素、战略组成以及供应链质量实践、活动、计划。Zeng 等（2013）进行了梳理，将 SCQM 的维度划分成三类：内部质量管理、上游质量管理以及下游质量管理。Reihaneh 等（2016）还发现供应链质量管理的维度具有中间位置，供应链中的信息知识在公司中并没有得到很好的利用，仍然需要开展一些活动来改善与供应商沟通的渠道以及如何选择它们，供应链质量管理高级管理人员的支持应持续进行，并且有必要利用信息技术实现公司供应链的机械化和现代化。

在实践方面，现有研究都意识到供应链质量管理会对绩效产生影响，但思考 SCQM 对绩效产生影响的路径的研究还很稀少（郁玉兵等，2014），因此他们以供应链质量管理维度、供应链质量类型、供应链控制与协调三个变量为基础，构建了供应链质量管理与绩效关系的路径框架。张以彬等（2016）则把质量管理同客户关注与供应商管理整合起来，从质量战略和供应链管理角度提出一种集成的供应链质量管理战略框架。与此同时，相关领域的国际研究也不断深入。Fernandes 等（2017）为了帮助企业提高组织绩效，提高应对全球化的竞争力，提出了一种供应链质量管理成熟度模型的设计与实现方法，并验证了这种方法的有效性。Loke 等（2012）也证实了供应链内的所有伙伴企业若专注于质量实践，能经过学习、知识创造和流程创新，更好地适应高度动态和不确定的环境。

第三节　农产品供应链质量管理

近几年来，在我国食品行业中，质量安全问题引来了社会各界的关注与重视，以"问题牛奶""福喜事件"等为代表的一系列食品质量问题在频繁被爆出的同时，企业的生产发展也面临着相当大的考验；在日常生活中，Trienekens 和 Beulens（2001）指出，消费者越来越重视农产品供应链（Food Supply Chain）质量的透明信息，而这种透明信息则需要现代的追溯方法作支撑。消费者希望他们能够获得可以充分信任的安全食品，他们要求食品企业提供食品安全保证和诚实的食品信息来建立对食品的信任。当下我国农产品供应链的链网区域断裂，从初级农产品生产，原材料采购到食品制造，再到分销及物流，每个环节都存在食品质量安全问题或隐患（封俊丽，2015）；而除了农产品供应链结构以外，食品监管环境也影响着食品质量安全，目前，我国食品安全的监管链接近破碎（程显凯，2007），为了完善食品安全监管体制，国家从法律和食品安全标准体系两方面做出了努力。在监管法律方面，国家细化了《食品安全法》的监管内容，加强了物流环节立法，并完善了相应的行政法规与之配套；在食品安全标准体系方面，国家一直在推进完成食品质量安全标准、食品卫生标准以及食品质量标准的整合，以期解决中国食品安全标准不协调、不统一的问题。

农产品供应链作为农产品安全监管体系中的重要组成部分，是农产品安全影响因素的载体。由于我国农产品供应链上企业成熟度较低，食品安全标准不全，物流基础设施薄弱，加上我国的追溯、召回制度不尽完善，政府监管部门信息不畅，以及农产品安全监管体制不够健全等因素，增加了农产品安全事故的发生率，同时，农产品安全也就成为农产品供应链中每一个参与方共同确保的公共责任，因此，供应链上各环节的综合协调管理，是避免各环节质量事故，保障农产品从"农田到餐桌"全程安全的有效途径。

因此，在农产品供立链中，提高食品的质量和安全管理对于未来企业的发展和食品消费来讲，都将是至关重要的。具体而言，一方面，通过官方认证，取得质量安全证书的食品，能够使供应链中各环节对最终产品的信任度提高，也加强了农产品供应链中各部门间的主动重组，这使得在质量管理实践中，信息更加透明顺畅，完善了贯穿于供应链中的可追溯系统，减少了食品在设计、生产、服务等流程中存在的不确定性，并提高了供应链结构上的一体化程度（Alessandro et al.，2013）；另一方面，在农产品供应链中，各部门间的整合需要部门间进行充分的沟通交流，实现信息的充分准确流动，在各部门各司其职的同时，信息沟通的顺畅可将包括设计、生产、服务等环节的可追溯系统更连贯地贯穿于各部门之间，这不仅降低了信息不对称带来的负面影响，而且也减少了企业的交易成本，有研究表明，有效的可追溯系统与农产品的质量和安全密切相关（Manikas and Manos，2009；Manikas et al.，2010），因此，各部门间的整合能够间接地完善农产品质量检测机制，促进企业的质量管理实践，提高企业生产的农产品的质量和安全（Matthew et al.，2005）。

早在 1993 年，食品法典委员会就将 HACCP 推荐为最有效的保障食品安全供应的管理体系；加之现代信息技术的飞速发展，均为有效的食品安全保障系统的建立健全提供了技术支持。而农产品供应链与其他一般供应链的本质性不同，在于其更重视农产品的质量与安全，以及种植气候的变化（Salin，1998）。这也就对质量管理的要求更为严格，而加强质量管理的目标无非有两个：一是保障农产品安全，二是提高农产品质量。为强调在全供应链范围内对农产品质量安全相关信息进行严格收集、分析、记录与传递，各有关机构均做出相关规定。具体而言，CAC（2003）规定了农产品安全的定义，即在农产品储存、食用等过程中确保不会对人们身心造成任何的危害。而国际标准化组织（ISO）也规定了农产品质量监测的官方标准，即农产品满足消费者明确或潜在需要的能力特点和功能（Van Reeuwijk，1998）。私营农产品的质量标准表现出多样化的特征（John，2011），例如，HACCP、BRC、IFS 等适用于在农产品加工过程中的监测农产品质量，而 GAP、Global Gap、TESCO、LEAF 等适用于农产品在企业层面上生产时的监测标准（Schuster and Maertens，2013）。在农产品供应链中，质量安全也受到许多因素的影响。例如，一方面，信息质量和内部成员的相互信任与农产品质量的关联度较高，而战略供应合作伙伴关系的巩固则对农产品安全的影响较大（Mohd et al.，2013）；另一方面，日益完善的可追溯系统能够有效地提升农产品安全，从而提高最终客户对安全农产品的购买意愿（Pouliot and Sumner，2008）。另外，也可以通过减少农产品供应链中的信息不对称影响和物流成本来促进农产品质量管理（Engelseth，2009）。

第四节　农产品供应链质量管理测量与分析

近年来，我国食品安全问题频繁发生，而企业通过取得官方质量安全认证证书，加之认证机构的定期监督，帮助消费者评估农产品质量，提高产品生产过程中的透明性和产品的可追溯性，促进农产品安全（王庆水，2011）。其中，贾岚（1995）按照认证对象、方式、审核依据的不同，将质量认证分为产品质量认证和质量体系认证。其中，产品质量认证是指用于产品安全、质量、环保等特性评价、监督和管理的有效手段。根据国家质量认证中心分类，本书将产品质量认证又划分为有机产品认证和良好农业规范认证（GAP）。

（1）有机产品认证（依据 GB/T 19630—2005）：即对通过有机农业生产体系生产出来的产品进行监督和管理的一种质量管理方法。

（2）良好农业规范认证（ChinaGAP）（依据 GB/T 20014《良好农业规范》）：其认证产品包括作物类、畜禽类和水产类产品。

而质量体系认证是产品质量符合认证要求和许可，产品使用认证标志的法定的证明文件。根据国家质量认证中心分类，本书将质量体系认证做了如下划分：

（1）HACCP 认证（依据 GB/T 27341《危害分析与关键控制点体系——食品生产企业通用要求》和 GB/14881 – 2013《企业生产通用卫生规范》）：即对食品加工、运输以及销售整个过程中的各种危害进行分析和控制，从而保证食品达到安全水平的认证方法。

（2）食品安全管理体系认证（依据 GB/T 22000—2006 和《食品质量认证实施规则》）：它规定了一个食品安全管理体系的要求，并结合公认的关键因素，以确保从食品链至最后消费点的食品安全。

（3）质量管理体系认证（依据 ISO 9001：2008）：对于一项质量管理体系标准来说，其运行应是全面有效的，需要做到既能满足组织内部质量管理的要求，又能满足组织与顾客的合同要求。

（4）环境管理体系认证（依据 ISO 14001：2004）：它要求组织通过建立环境管理体系来达到支持环境保护、预防污染和持续改进的目标，并通过取得第三方认证机构认证的形式，向外界证明环境管理体系的符合性和环境管理水平。

（5）测量管理体系认证（依据 ISO 10012）：是指第三方机构按照 ISO 10012—2003 的标准对组织在产品质量、经营管理、节能降耗、环境监测等方面是否满足标准要求进行的审核，对企业参与国内外招投标、签订合同具有稳固的计算基础保证作用，是国内外市场准入、奖励考核的重要条件之一。

（6）职业健康体系认证（依据 GB/T 28001）：其为各类组织提供了结构化的运行机制，帮助组织改善安全生产管理，推动职业健康安全和持续改进。

（7）信息安全管理认证（依据 GB/T 22080）：通过获得此项认证，能够为企业减少可能潜在的风险隐患，减少信息系统故障以及人员流失等带来的经济损失。

（8）知识产权管理体系认证（依据 GB/T 29490）：即将企业知识产权管理理

念、管理机构、管理模式、管理人员、管理制度等方面视为一个整体，为了企业知识产权权益的最大化，从而为企业赢得竞争优势。

本书通过对116家上市农业、食品企业年度财报分析，加之对相关文献的研究，发现目前大多数农业、食品上市企业通过在上下游延伸产业链的形式，进行着多元化经营（周芹等，2014），因此按照经营业务的不同，又可将质量认证划分为主营业务认证和非主营业务认证。其中，主营业务认证是指经过第三方专业认证公司全面认证过的产品，而此产品属于组织中的主营业务大类，包含产品生产设备、产能、工艺等隐性信息均展示给买家，彰显产品优势；而非主营业务认证即指第三方专业认证公司全面认证过的产品属于组织中的非主营业务大类。在本书中，质量管理的统计数据收集过程主要分为如下几个阶段：

首先，在中国国家认证认可监督管理委员会官方网站的认证认可业务信息统一查询平台窗口以及中国食品农产品认证信息查询系统中，分别检索出上述116家企业2004～2015年所获得的共2820项认证信息，包括证书编号、认证项目内容、认证范围以及证书有效期等。

其次，按照前文所陈述的不同认证项目所具有的不同认证依据，本书将4个子行业共116家企业所获的2820项认证证书按照产品认证和体系认证进行分类，并以2010年为时间节点，分别整理2004～2010年、2011～2015年所获认证证书数量。统计发现，2004～2010年有效的产品认证33项，体系认证677项；2011～2018年有效的（2015年获得的认证在随后3年仍然有效且不需要重新认证）产品认证165项，体系认证1945项。

再次，本书利用Wind资讯平台，分别获取4个子行业共116家上市农业、食品企业主营业务与非主营业务经营比例；又将2004～2018年有效的2820项认证证书按照主营业务认证和非主营业务认证进行分类，仍以2010年为时间节点，分别整理2004～2010年、2011～2018年有效的认证证书数量。统计发现，2004～2010年有效的主营业务认证624项，非主营业务认证86项；2011～2018年有效的主营业务认证1836项，非主营业务认证274项。

最后，本书利用内容分析法，对116家企业所获得的认证信息逐一进行编码汇总与分析，具体地，我们采用简单的打分方法，企业每通过一项认证项目就记为1分，没有通过任何一项认证项目就记为0分，之后将每个企业的得分进行编码汇总，得到相关的统计数据用于统计分析。

本书将企业获得的质量认证进行了两种分类：产品认证和体系认证、主营业务认证和非主营业务认证，分别作为本书的认证变量；前文已经详细地介绍了质量认证的分类依据，以及如何使用文本分析法得到关于质量认证的量化数据。这里，对于编码的认证证书的有效时间段需要着重说明。

一般来说，农产品质量认证证书在生效前 6 ~ 18 个月要进行注册，也即开始生效（Corbett et al.，2005；Lo et al.，2012），从而许多学者将认证证书正式有效前 3 年作为研究的起点，并认为接下来的 6 年均作用于绩效（Pagell，2014；Chris et al.，2013）。根据本文的研究问题，笔者分别将 2004 ~ 2010 年通过的产品认证项目、体系认证项目、主营业务认证项目以及非主营业务认证项目作为 2004 ~ 2010 年测度质量管理的认证变量；将 2011 ~ 2015 年通过的产品认证项目、体系认证项目、主营业务认证项目以及非主营业务认证项目作为 2011 ~ 2018 年测度质量管理的认证变量，并分别进行独立编号。其中，2004 ~ 2010 年通过的认证项目（产品认证、体系认证、主营业务认证、非主营业务认证）用以讨论"质量管理——一体化"的作用；而 2011 ~ 2018 年有效的认证项目（产品认证、体系认证、主营业务认证、非主营业务认证）用以说明"一体化——质量管理"的影响。

表 6 - 1 是关于质量认证的描述性统计，在 116 家上市农业、食品企业中，2004 ~ 2010 年获得产品质量认证和非主营业务认证数量较少，分别为 33 项和 86 项；而企业获得体系质量认证和主营业务认证则相对较多，分别为 677 项和 624 项；同样地，2011 ~ 2018 年获得认证趋势相同，产品质量认证和非主营业务认证数量较少，分别为 165 项和 274 项，体系质量认证和主营业务认证数量较多，分别为 1945 项和 1836 项。总体而言，在 2010 年之后，各家企业获得的质量认证证书数量明显多于 2010 年之前。

表 6 - 1　质量认证的描述性统计　　　　单位：项

	2004 ~ 2010 年	2011 ~ 2018 年	总计
产品质量认证	33	165	2820
体系质量认证	677	1945	
主营业务认证	624	1836	2820
非主营业务认证	86	274	

从图 6-1 中可知，2004～2018 年，116 家上市农业、食品企业中获得质量体系认证数据分布总体较为分散；其中仅有 1 家企业获得的体系认证数超过 70 项，经过数据查询，发现是北京顺鑫农业股份有限公司获得了最多的体系认证——共 74 项，该公司 2000 年始多次获得"优质食品企业""农业产业化优秀企业""全国质量卓越奖"等荣誉称号和奖项。另外，如图 6-2 所示，在 116 家上市农业、食品企业中，35% 的企业获得了质量管理体系认证，而获得食品安全管理体系认证、环境管理体系认证的企业均占 17%，获得 HACCP 认证的企业占比 14%。

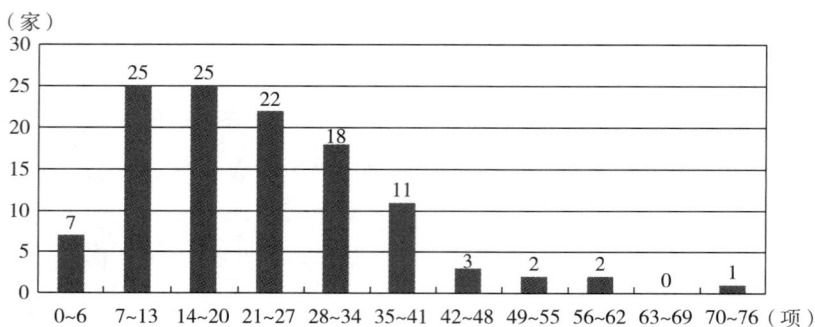

图 6-1 2004～2018 年体系认证直方图

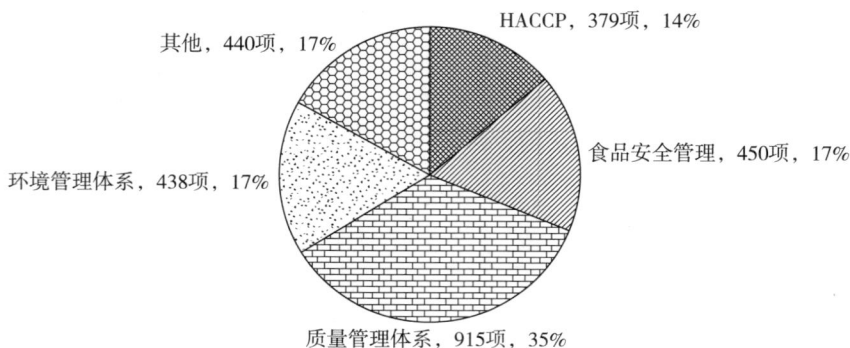

图 6-2 2004～2018 年体系认证获得数及占比

如图 6-3 所示，2004～2018 年，在所调查的 116 家上市农业、食品企业中，获得产品认证的数据分布较为集中；其中有 87 家企业从未获得产品质量认证，经过查询，发现这 87 家企业较少参与有机产品和良好农业操作规范方面的监督与认证。然而，与此同时，河北福成五丰食品股份有限公司在过去 14 年里共获得 22 项产品质量认证证书。该公司建有生态、绿色、健康的大型有机农牧场，通过引进世界一流的设备和管理理念，提高食品质量，降低生产成本等。如图 6-4 所示，在 116 家企业中，大多数企业在 2004～2018 年获得了有机产品认证，占比达 71%，仅有 29% 的企业获得良好农业生产规范认证。

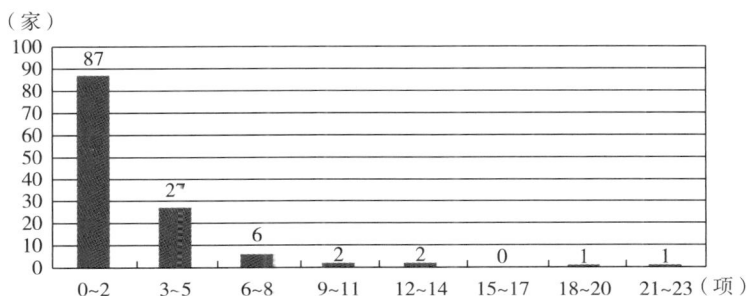

图 6-3　2004～2018 年产品认证数分布

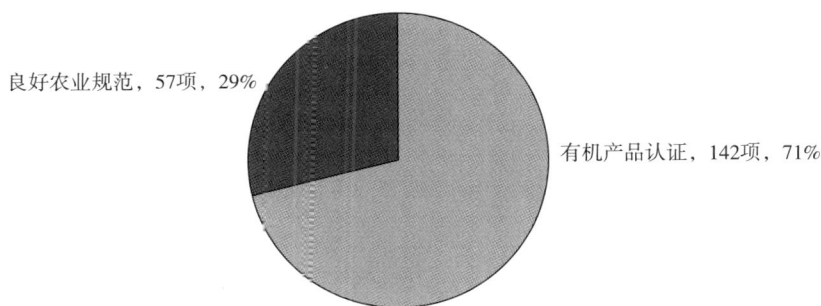

良好农业规范，57 项，29%

有机产品认证，142 项，71%

图 6-4　2004～2018 年产品认证数及占比

如图 6-5 和图 6-6 所示，2004～2018 年收集的 116 家上市农业、食品企业中获得主营业务认证数量较为分散，其中有 18 家企业获得 18～23 项认证证书，占比 17%，而仅有 2 家企业获得 54～59 项认证证书，占比仅 2%，分别是国投中鲁果汁股份有限公司（54 项）和青岛啤酒股份有限公司（57 项）。

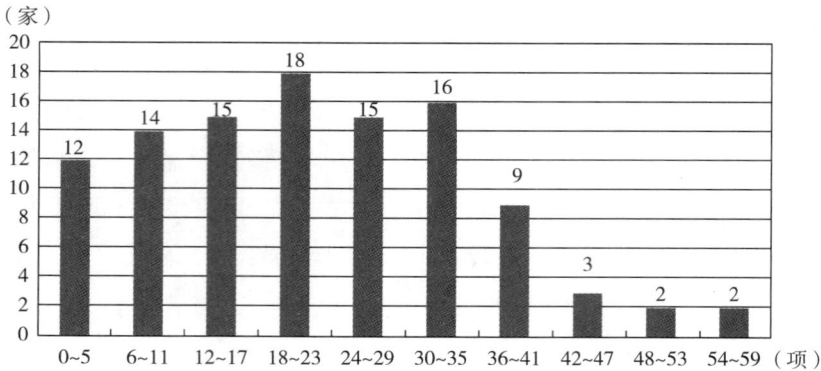

图 6-5　2004～2018 年主营业务认证数分布

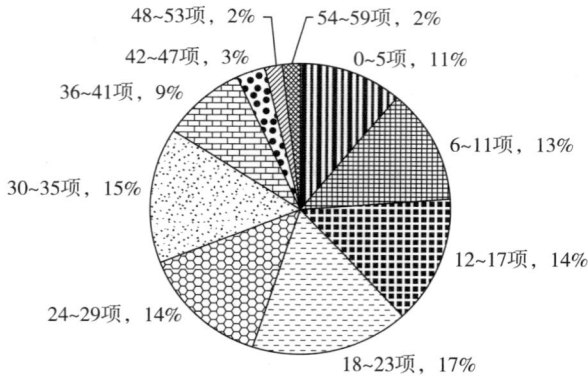

图 6-6　2004～2018 年主营业务认证数量及占比

　　如图 6-7 和图 6-8 所示，2004～2018 年收集的 116 家上市农业、食品企业中，获得非主营业务认证证书情况较为集中，其中有 95 家企业获得的认证证书少于 4 项，占比达到 82%，经过数据查询，其中有 88 家企业从未获得非主营业务认证证书，通过对这 88 家企业年度财报分析，共性特点是非主营业务与主营业务领域相差较远，大多涉及农产品流通与销售环节或延伸至其他领域。另外，仅有 1 家企业所获得的非主营业务认证证书超过 40 项，即新希望六合股份有限公司。该公司不仅从事饲料加工行业，同时还从事其上下游相关业务，例如生猪养殖、屠宰、肉制品加工等，企业严把食品质量关，坚持规范生产，科学管理，切实提高产品质量。

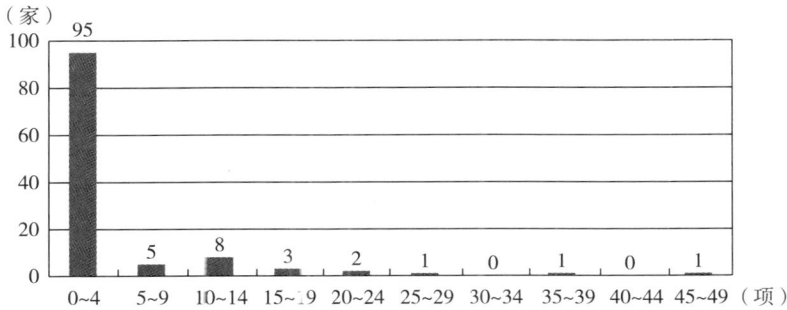

图 6 - 7　2004~2018 年非主营业务认证数分布

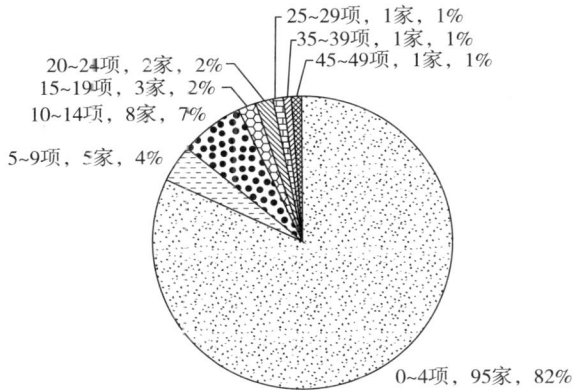

图 6 - 8　2004~2018 年非主营业务认证数及占比

案例：

中油阳光餐饮有限责任公司于 2017 年 11 月 15 日成立，隶属于中国华油集团有限公司，是一家集大型团膳管理、社区便民超市、中式快餐、公务用餐、营养配餐、食品加工配送为一体的多元化餐饮连锁服务企业。该公司注册资本 2000 万元，现有员工约 770 人。公司已在北京市开设 7 家餐饮部、两个项目部，共计 16 家餐厅，服务总面积 43119 平方米。服务对象包括 67 家局级单位，其中非石油内部企业 10 家。自助餐日均就餐 1.56 万人次，2017 年就餐人数 318 万余人次，自 2001 年提供自助餐至今，累计实现 2010 万余人次安全就餐无事故。公司秉承"以客户为中心，始于客户需求，终于客户满意"的服务理念，严格把控产品质量，根据客户需求提供服务，为客户提供细致周到的专业餐饮服务。

为了实现公司质量最优化，不断提高公司的整体管理水平，制定了 QHSE 管理手册。QHSE 管理体系把企业的四个方面，质量（Quality）、健康（Health）、安全（Safety）和环境（Environment）融合为一个有效整体，实现对企业系统协调指导的信息化系统。该系统有效地实现了对企业各个方面的统一管理，对企业的高效运营具有非常关键的作用。QHSE 体系主要包括以下四方面的内容：

质量管理：质量管理就是对产品质量、服务质量的管理。在企业实际运营过程中，企业中包括质量分析、质量改进、满意度调查、质量考核等都是其中的重要内容。

职业健康：职业健康强调在企业生产过程中维护员工利益，及时进行企业的职业卫生监测、员工定期体检、劳防用品管理等。

安全管理：安全管理强调企业生产过程中安全生产，预防重大安全事故。例如包括重大危险源的检测与排查、企业应急预案演练、企业安全生产教育培训等。

环境保护：环境保护强调企业在生产过程中履行社会责任，减少污染，保护环境，维护全社会的公共利益。有效监测企业废弃物排放、安装环保装置、制定企业环境保护制度等。

除此之外，QHSE 体系还包括设备管理、体系管理、人员管理、岗位管理、部门岗位、外来人员的管理、供应商流程管理等诸多方面。

第七章 农产品供应链创新战略

第一节 供应链创新的研究意义

企业作为以营利为目的的经济组织，良好的绩效是其永恒的追求，而创新正是企业提升绩效的重要手段。产品技术创新和品牌营销创新都可以帮助企业整合行业内最新的信息、技术和资源，进而实现更好的绩效（Singh and Mithchell，2005）。而供应链创新作为由西方学术界引入的新兴概念，其对于企业绩效的总体影响已经有较多外文文献进行过研究，并得出了正向的结论。如供应链合作创新有利于企业产品和服务的更新和优化，使企业能够在市场中保持盈利地位，从而帮助企业在最优水平上保持绩效（Lee S. M.，Lee D. H. and Schniederjans，2011）。Simatupang 和 Srdharan（2002）研究发现，供应链上主体间相互合作，能够提高供应链效率，从而带动整体的利润水平。Singh 和 Mithchell（2005）也认为，企业伙伴间协作创新，能够有效地降低支出成本，获取规模效应，同时降低行业中不必要的内部清耗。

动态能力理论认为，动态能力是主动适应快速变化的周围环境，开发和协调内外部资源，从而保持自身竞争力的一种能力（Bercovitz，Figueiredo and Teece，1997）。动态能力可以为企业创造竞争优势，因为它具备对周边动态环境的快速适应能力（Ponomarov and Holcomb，2009；Teece et al.，1997）。Gligor 和 Holcomb（2012）认为，供应链合作创新是动态能力的一种明显体现，而且是层级更高的能力，能助力企业应对市场不确定性，合理配置资源，与合作伙伴实现共赢。因此，供应链创新借助全产业链资源，更新产品和服务以满足变化中的消费者需求，在市场竞争中获得优势，提升盈利能力和企业绩效。

衡量企业的创新能力和创新投入有很多指标，而将研发专利情况作为企业创新能力的代表，已经是国内外学界的通用做法。测量创新的常用指标包括专利授权、论文发表、R&D（研究和开发）投入、科技人员、新产品情况等，但专利是当前最受认可和最广泛使用的创新测量指标（赵彦云和刘思明，2011），并且在之前学者的众多实证研究中，其稳健性和有效性得到了充分验证（Acs，Anselin and Varga，2002；Hagedoorn and Cloodt，2003；纪玉俊和李超，2015），甚至在很多研究中专利被用作创新的唯一指标（Ahuja and Katila，2001；刘军，2010；纪玉俊和李超，2015；Belderbos et al.，2015；Miguélez and Moreno，2015）。由于专利的易获得性、客观性以及权威性的特点，本书也选取了专利授权数量这一常见指标作为研究企业相关创新情况的主要视角。

第二节　创新与合作创新的研究

学术界对于创新的研究由来已久，最早记载于熊彼特的早期作品中。他认为创新是开发新产品、变革生产方法、拓展新市场、运用新原料，以及发展新的组织架构（Schumpeter and Nichol，1934）。熊彼特的经典定义对最早的供应链相关研究视角产生了重大影响，早期学者基本是通过生产技术、原材料和组织结构进行研究的（Arlbjørn，2011）。创新的内涵不仅关乎一个新兴产品的商业化过程，还包括一个组织的自我进化、自我更迭的过程（Tidd，2009）。参与创新的公司需要建立一个过程来便利它们将想法转化为产品和服务的过程。Baumol（2002）认为，企业创新是将新想法转化为产品和服务的过程，"认知到存在利益的新机会，并且持续把握机会直到付诸实践"。他的定义与供应链管理不谋而合，因为其都是通过满足终端用户的需求来实现商业价值的。

合作创新是与个体创新不同的一种创新模式和创新活动，是不同主体间的联合创新行为，有助于更广泛地聚集所需资源，风险共担并分享收益，无论是在联系紧密的组织架构抑或是在相对松散的独立主体间均可以实现（罗炜和唐元虎，

2000）。合作创新主体主要包括商业机构、高等院校、科研机构、政府智库和行业自律性组织等，合作创新行为的一个最重要的表现就是进行合作研发，特别是公司与高校、科研单位间的产学研合作更是将来合作创新的一个重要趋势（李蓓和陈向东，2015），不仅有利于科研成果商业化，创造经济价值，也加快了高端知识和技术的溢出效应，扩大了社会总效益（雷滔和陈向东，2011）。高长元和程璐（2011）认为，知识等智力资源是促成企业合作创新的前提，这一合作过程必然伴随着知识的流动，除了直接的经济收益之外，企业还将获得智力资源的累积，有利于长远绩效的提升。任荣（2010）认为，合作创新是将市场行为与企业组织结构相结合的有效创新模式，能够将产业中的不同主体联结起来，通过重组知识、技术等智力资源，克服专利制度的劣势所在，降低独自研发的成本与风险。

在企业间合作创新行为中，合作对象主要为同一市场领域的竞争者以及产业链上下游的客户与供应商（杨连盛、朱英明和吕慧君，2014）。与上述各类型的合作对象进行联合创新时，合作效率和智力资源的互补性都会存在较大差异，因而创新绩效也不尽相同。Ahuja（2000）基于美国化学工业相关企业，发现以专利数量作为考量的创新产出受到企业间的正式合作数目的正向影响，同时还发现，相比横向合作关系纵向合作创新对企业绩效的影响更强。Miotti 和 Sachwald（2003）通过实证发现，与上游客户和下游客户的纵向合作创新对创新绩效有显著正向影响，而与横向竞争者的合作一方面占比很少，另一方面也对绩效存在不显著的负向影响，而且行业竞争性越弱，与竞争者的合作越少。Nieto 和 Santamaria（2007）同样证实了企业与供应商、分销商的合作能够明显有助于现有产品和服务的改良，但基本不会导致变革性的创新，而横向合作不仅对渐进性的创新影响不大，更对变革性的创新存在不利影响。

在企业合作创新的模式中，联合申请专利是最为常见的一种，因为专利是技术变革最为明显的载体（Rachel，Pascale and Sandrine，2009）。因此专利合作也是国内外研究中探索不同合作主体、不同国别区位和不同产业领域等各类合作创新行为的主要视角（董涛和贺慧，2015）。社会网络分析方法在学术界逐渐流行，利用专利合作情况系统化地研究社会经济中的合作创新模式及其发展趋势（马艳艳、刘凤朝和孙玉涛，2011）。

第三节　供应链创新的概念与维度

对供应链创新的研究始于 1999 年的一篇论文的发表（Desbarats，1999），他认为，供应商之间的整合和协作对于实现供应链创新目标起着至关重要的作用。供应链创新是处理环境不确定性的复杂过程，并运用新技术以新的方式改善经营过程来响应客户需求（Lee et al.，2011）。Ojha 等（2016）指出供应链创新是一种关系现象，是一种跨组织的创新，其成功最终会导致相当持续的创新流。Bello、Lohtia 和 Sangtani（2004）认为，供应链创新是在一定集合内向渠道参与者分配活动和新的投资，通过高服务效率来增加收入，通过高运营效率来降低成本，以共同实现利润最大化的行为。Coltman、Gattorna 和 Whiting（2010）指出，供应链创新对于企业提供新产品和新服务是至关重要的。Lee、Ooi 和 Chong（2014）提出，供应链创新可以作为改善组织流程的工具，通过分销商之间的互动，有效地进行供应链管理。学者们不仅研究了运营管理方面的供应链创新，还研究了其他领域的供应链创新，如市场营销（Archer，Wang and Kang，2008；Cai et al.，2009）、信息系统（Jean，Kim and Sinkovics，2012；Storer，Hyland and Ferrer，2014；Vickery et al.，2003）和心理学（Aitken and Harrison，2013）等领域。

通过总结上述及其他文献，我们发现前人认为供应链上的创新能带来各方面的良好收益，包括如下所有利益主体，如供应商、研发部门、生产商、物流提供商、零售商和消费者等多个层级。本书阐述了供应链创新概念的框架，包含了供应链中所有功能的所有创新活动，如图 7 - 1 所示。

在这样一个概念框架中，供应链创新包括一系列的创新活动。在采购和转化职能中，包括产品、流程、技术、组织和资源分配的创新，涵盖了供应商、生产商以及研发部门。这一创新既可由供应商又可由购买方主导。在运送环节的创新，Flint 等（2005）将其命名为物流创新，本质上是作用于生产者、物流供应商、产品销售和客户之间的流程、技术或组织创新。供应链的价值定位职能能够将收益量化，并且调节为消费者创造的价值（Hassini，Surti and Searcy，2012），因此，价值定位职能的创新有时被认为是商业模式变革、服务创新或价值创新（Berghman，2012），而它是在销售者与消费者之间的有关流程、技术、组织或营

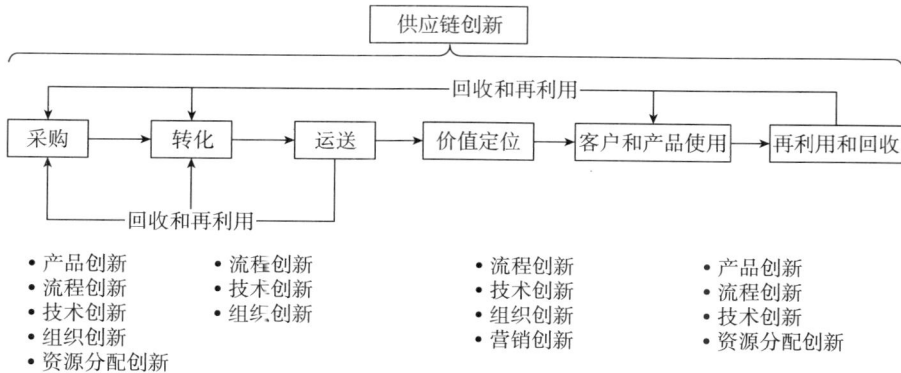

图 7-1　供应链创新全流程示意图

销的创新。在产品使用过程中，供应链中的客户范围非常广泛，它本质上可以被视为流程创新（Sampson and Spring，2012）。产品的再利用和回收职能通常是在回收者、产品处理者和制造商之间进行生态创新，本质上是产品、流程、技术或资源配置的创新（Jabbour et al.，2014）。因此，供应链创新可以被总结为在产品、流程、营销、技术、资源和组织方面的量变或质变，并且联系了相关各方，覆盖了供应链中的所有相关职能，为所有利益相关者创造价值。

供应链创新是信息和相关技术发展以及新的营销和物流流程的结合，以提高服务效率、提高运营效率、增加收入和将总体利润最大化（Bello，Lohtia and Sangtani，2004）。基于这一定义和资源观，供应链创新包括三个关键的创新活动：以物流为导向的创新活动、以营销为导向的创新活动和以技术开发为导向的创新活动。供应商之间的整合和协作对于实现供应链创新目标起着至关重要的作用。如果供应商对创新不感兴趣，企业就不太可能实现供应链创新（Jajja et al.，2017）。

随着市场竞争日趋激烈、全球化不断推进和通信技术的完善，企业越发注重在供应链层面上的运作和竞争。更广泛的供应链合作对于企业来说至关重要，因为它们需要利用其合作伙伴的资源和知识（Fawcett and Magnan，2004；Cao and Zhang，2011）。合作是有效供应链管理背后的驱动力（Horvath，2001）。有许多的实证研究表明，具有更高合作水平的公司能够实现更多的绩效提升（Fynes，Voss and Búrca，2005；Vereecke and Muylle，2006）。合作的益处包括知识资源互通和生产资源共享，这对创新过程至关重要（Bjornfot and Torjussen，2012）。

供应链管理涉及所有成员和供应链之间的相互连接（Stevensson，2007）。供应链创新过程的复杂性也促使了合作公司和其他组织之间的联系和协作，以便交换知识和信息，获得资源并提高相关技能。而交换知识和交换人力资源正是合作技术创新中的关键活动（Johnsen and Ford，2000）。协同创新过程需要与其他供应链成员进行交互，例如供应链企业间的知识共享，与供应商合作开发新型原材料，或根据用户的反馈开发新产品。一系列研究表明，与供应链上下游参与者进行创新合作有很多潜在的好处，比如激发创意、降低成本、增加灵活性、改进开发内容、便于测试和扩散、缩短上市时间等（Johnsen and Ford，2000；Vereecke and Muylle，2006）。

然而供应链创新的研究仍需要进一步深入，比如未来的研究应该考虑供应链创新的多级效应和不同层次的分析（Caniato et al.，2014；Singh and Gregory，2008）。而且供应链创新研究严重依赖于制造企业样本和美国样本，这限制了研究结果的普遍性。未来的研究应该考虑抽样群体的多样性（Chen，Tsou and Ching，2011；Cheng，Chen and Huang，2014）。

第四节　农产品供应链创新的测量与分析

社会发展需要创新来驱动，根据创新内涵可分为技术创新和制度创新，而本书研究的创新领域主要为技术创新，专利研发和授权则是这一创新过程的一个重要阶段。技术创新的主要流程（Acs，Anselin and Varga，2002）包括：①研发投入阶段，即投入资源进行研究开发；②中间产出阶段，即研究成果的形成，包括实际发明以及以发明为基础申请的专利；③最终产出阶段，比如新产品和服务的诞生。专利产出的过程通常是上述的前两个阶段，专利的形成与研发活动及其经费投入存在紧密的联系，这在实证研究中得到了充分的验证（Pakes and Griliches，1980；Scherer，1983；Acs and Audretsch，1989；Hagedoorn and Cloodt，2003；Wang and Hagedoorn，2014；Miguélez and Moreno，2015）。

专利的相关学术研究对技术创新的范围进行了清晰的界定，无论专利申请是否得到授权，都具有显著意义。被授权专利从创新程度到与实际结合都经过严格审查。即使相关申请未获得专利授权，这些发明因同样投入了大量经费和智力资源，很可能具有相应价值。纪玉俊和李超（2015）在其对于区域创新的实证研究中得出结论，专利授权量和专利申请量二者分别作为自变量对研究结果并没有显著影响。Heiskala（2011）认为，专利研发能够促进社会经济的总体发展，而专利高额的研发成本和维护成本反映出申请人对专利价值的认可，并预期其能带来正向收益（Archibugi，1992；Hasan and Tucci，2010；周煊、程立茹和王皓，2012）。

专利是测量创新的最常见指标，在经济学研究中被广泛应用，具体的研究领域包括创新对经济增长的影响（赵彦云和刘思明，2001；Jalles，2010；Hasan and Tucci，2010）、创新与企业发展的关系（陈晓红、李喜华和曹裕，2009）、创新的影响原因（李习保，2007；温军和冯根福，2012；杨战胜和俞峰，2014）、创新绩效的分析（孙玉涛、刘凤朝和李滨，2009）等。Dröge、Claycomb 和 Germain（2003）曾直接指出，创新绩效可以通过创新投入（如研发支出）或创新产出（如专利申请频率）来衡量。

专利是创新相关研究中的微观样本，正是专利数据本身具备的优良特性使其在研究中得到广泛应用。因为专利信息包含丰富的创新要素（Hall，Jaffe and Trajtenberg，2001），包括申请人信息、专利内容、技术分类、申请日和公开日、引用信息等，多角度的信息为多层次的创新研究创造了条件。如运用申请人信息，可以对产学研创新合作、跨国跨区域创新合作等进行分析（刘胜奇、朱东华和汪雪锋，2015；Ejermc，2009）；技术分类情况将专利与具体产业相结合，可以对行业发展情况进行分析（张娴、方曙和王春华，2016）。目前专利制度相对完善的国家普遍建立了官方的专利数据库，如本书中运用的我国国家信息专利局网站。市场上也存在一些商业专利数据库，提升了专利数据的曝光度与可用性，使专利数据在研究中被广泛运用（Pakes and Griliches，1980；Basberg，1987；Griliches，1990；Hasan and Tucci，2010）。

本书将专利划分为六类，分别为：独立研发专利、与智库合作专利、与母公司合作专利、与供应链企业合作专利、与供应链外子公司合作专利和与供应链外其他企业合作专利。在分类的讨论中我们充分考虑了研究的需要与样本实际，过程如下：

首先在 12316 条授权专利中，独立研发专利占据了绝大部分，且没有进一步区分的余地，需作为一个大类划分。其余为合作研发专利，即专利申请人除本公司外还存在其他主体。其他主体除其他企业外还包括高校、科研单位等非营利性智库，由于其特殊性质，我们将与智库的合作专利提取出来单独研究。在与企业的合作研发专利中，根据研究内容，分类的参照主要有两个，即与本企业的供应链条关系和与本企业的所属关系。与本企业的供应链条关系分为供应链内企业和供应链外企业。与本企业的所属关系分为企业母公司、企业子公司和其他公司（非子、母公司）。由于母公司业务范围较广，且往往包含本企业业务，无法做是否处于企业供应链内的讨论，需要单独划分。而本书的核心是供应链创新，因此将所有处于供应链内的企业均划为一大类，以丰富样本数量进行充分研究。接着对非供应链内的企业再进行企业性质的划分，分为供应链外子公司和供应链外其他公司（非子公司）。

需要注意的是，本书在编码过程中将每个专利的所有类型均进行了编码，即一个专利有可能既是与智库合作研发同时也是与母公司合作研发。根据上述讨论结果，专利类型分类及解释为：

独立研发专利指专利的研发人为该企业独自一家；

与智库合作专利指与高校、科研单位等学术研究机构合作研发的专利；

与母公司合作专利指合作研发企业为该上市公司的母公司；

与供应链企业合作专利指合作研发企业主营业务位于申请企业主营业务上下游；

与供应链外子公司合作专利指合作研发企业是该上市公司子公司，且主营业务不位于申请企业主营业务上下游；

与供应链外其他企业合作专利指非以上几种情况的所有合作研发专利。

企业专利从业务角度一般分为主营业务专利和多元化业务专利，而在主营业务内根据供应链所属阶段，以产品作参照分为上游、中游和下游。根据上述讨论，本书将专利领域具体划分为四类，分别为产品上游专利、产品中游专利、产品下游专利和多元化业务专利。每个专利只可能被编码到一种专利领域。具体包括：

产品上游专利指企业主营业务中产品生产原料制备，及一些基础性工作中的相关专利，具体包括：原料制备、原料质量检测、生产环境改善、基础性实验等。

产品中游专利指企业主营业务内产品主体生产过程的相关专利。

产品下游专利指产品主体生产完成后续环节的相关专利，具体包括：产品包装、产品标签、产品防伪、产品宣传、物流配送、产品质量检测、生产废料处理等。

多元化业务专利指企业主营业务以外其他业务的所有专利。

第一，从专利领域（上游、中游、下游）视角看，各公司平均每年中游专利数为4.67个，下游专利数为5.58个，而上游专利数平均仅为1.6个，多元化业务专利数为0.33个。处于供应链中游、下游专利数明显高于其他两类专利，这与我们的认知基本相符。说明样本企业在供应链中进行创新时更多专注于产品本身以及产品包装和物流配送等领域，且企业的业务集中度较高。产品本身是企业研发的重点，也是企业生存和发展的根本。而下游领域则与消费者获取产品息息相关，直接关系着消费者满意度。在供应链下游专利中，包装设计类专利占据了其中的最主要部分，这也是农业上市公司各类专利中数量最多的一个部分。而供应链上游专利主要与产品原料有关，由于很多农业上市公司并未控制整个产业链条，而是专业化经营，因此原料也多为上游供应商提供。而且产品上游专利对于企业经营水平的提升并不如中游和下游专利的作用突出，所以产品上游专利相对较少。

第二，从专利合作类型视角看，企业更多的还是选择独立自主研发专利，数量远高于与其他机构合作研发，占到了专利总数的近90%。这一现状也与我国企业的总体情况相符，企业在创新方面单打独斗的现象严重，并未与其他企业形成密切协同，研发资源配置有待于进一步优化。在合作研发专利中占比最大的为与供应链企业合作研发，首先数量最多的合作研发是与子公司共同完成，而子公司多位于企业的上下游产业链上。当然，供应链企业合作创新专利占比较高，也体现了企业对于供应链创新的重视。

通过对数据透视表整理画图以更加直观地展现变量的基本情况。由图7-2可见，2007～2017年，样本企业与母公司合作研发专利数、独立研发专利数总量呈波动增长趋势；与智库合作研发专利数总数一开始增长，在2011～2013年达到顶峰后呈现下降趋势；与供应链外其他企业合作研发专利数总数在2015年有异常极高值，其余年份呈现稳定波动形势；与总部合作研发专利数总数在2013年达到最高值后在2014年迅速减少，呈现不规律波动形势；与供应链外子公司合作研发专利数总数在11年间持续数量较少，无明显变化。值得注意的是，在11年间独立研发专利数量都遥遥领先于其他专利数量，说明本书样本农业企业整体倾向于独立进行专利研发申请。

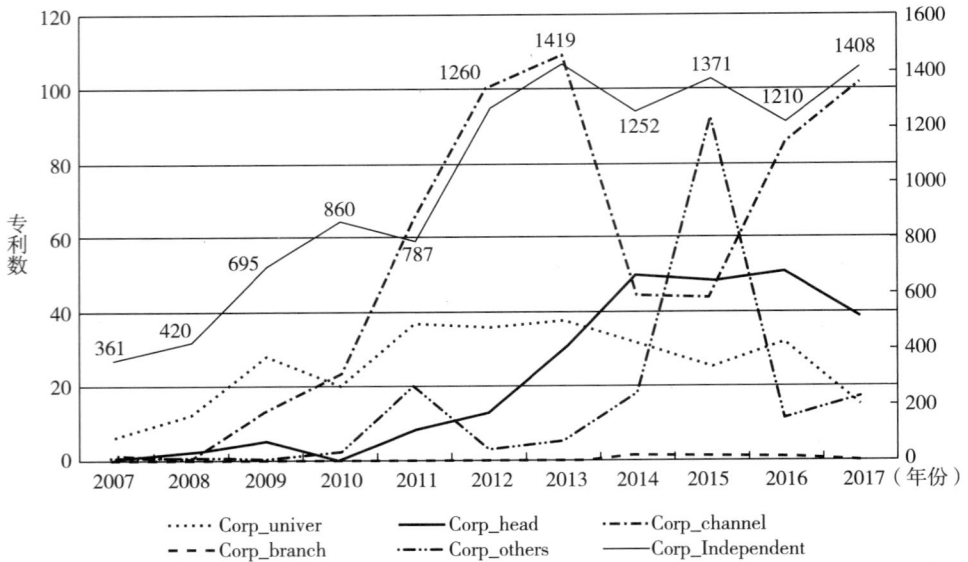

图 7 - 2   不同类型专利总数随年份变化示意图

各年份供应链不同领域专利申请情况如图 7 - 3 所示。可以看出整体上产品上游专利数、产品中游专利数、产品下游专利数和多元化业务专利数均呈现逐年增长趋势，说明样本农业企业对于供应链创新和专利申请意识在逐年提高，且对于产权保护和研发的投入也在稳步提升。从数量上看，产品中游和产品下游专利数相对多于产品上游和多元化业务专利，样本农业企业更加重视产品加工中游以及下游运输包装相关的技术研发和专利申请。

案例：

多年来，安琪依靠科技进步和不断创新，已成为亚洲第一、全球第三大酵母公司。主导产品销往 150 多个国家和地区，多项产品和技术达到国际先进水平，主导或参与制定了中国全部的酵母类产品国家标准和行业标准，多次荣获省级科技进步奖，是湖北省唯一两次荣获国家科技进步奖的地方企业。公司与中科院微生物所、华中农业大学、江南大学等 23 所院校建立了战略合作关系，与中科院天津工业微生物研究所等成立联合实验室，2016 年对外合作项目达 48 项，涉及合作资金超过 1200 万元。公司积极采取拿来主义，善用外来技术和外脑以创新产品和技术装备，显著提升了公司创新能力。

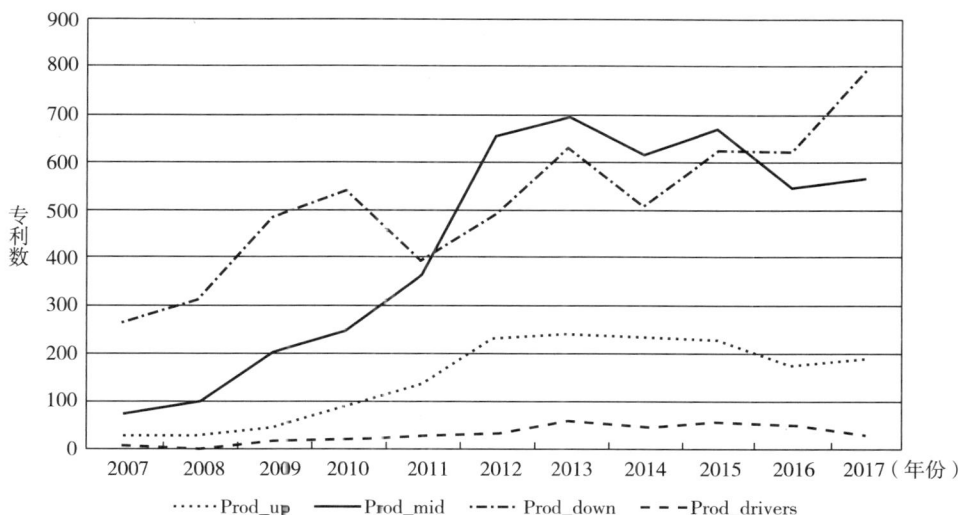

图 7 - 3 不同领域专利总数随年份变化示意图

以市场为中心，以顾客价值为导向，是公司创新平台的基本指导思想。公司技术创新紧贴顾客需求. 建立了从客户需求端到满足客户需求的 "端到端" 的快速响应的新产品开发流程，公司推行研发、市场、生产、设计、应用研究等以市场为导向的矩阵式工作小组，满足客户需求是产品技术创新的基本出发点。公司新产品开发实施市场环境分析、需求分析、竞争分析、市场定位等活动。公司组织订单评审、新产品和新规格评审、产品验收和试销活动，其基本目的是为了保证客户的需求得到满足。近年来，公司推行强产品、保二争一等工作，就是要审视客户体验，倾听客户的声音，进一步满足客户的真实需求，通过向市场学习的方法实现技术创新。

安琪的高新技术及产品推动了相关行业的转型发展，极大地创造了顾客价值。面用酵母改变了中国几千年的传统发面习惯，克服了老面发酵的缺点，促进了中国发酵面食的产业化；耐高温酿酒酵母代替了白酒和酒精厂的自培酵母，促进了酿造工艺革命和技术进步；酵母抽提物以其多种优势推动了调味品行业产品升级换代；酵母葡聚糖、富硒酵母的开发，为中国消费者奉献了全新、安全的营养保健资源；酵母源生物饲料的开创促进了中国饲料养殖业的安全和健康；酵母浸出物打破了欧美国家垄断，也推动了中国发酵工业的发展。

实　证　篇

第八章　农产品供应链环境与柔性的关系

第一节　研究意义

　　早期的研究表明制造柔性给企业提供了应对环境的不确定性的能力（Gerwin，1993；Swamidass et al.，1987；Ward et al.，2000）。然而，由于不同的制造柔性策略对于环境不确定性有着不同的绩效，造成了复杂的影响（Ketokivi，2006）。随着从组织内部到组织间研究的扩展，环境的不确定性应对策略探讨也出现在了供应链柔性的研究之中（Pujawan，2004；Tachizawa et al.，2007；Vickery et al.，1999）。根据之前对供应链柔性驱动因素的研究成果（Tachizawa et al.，2007；Vickery et al.，1999），普遍认为在主要的环境驱动因素识别中，决策者主观上感知的环境不确定性是影响供应链柔性的一个关键因素。同时，该观点也说明了高绩效的企业在策略制定中通常会考虑环境因素（Chakravarthy，1982）。但是，Downey 等（1975）认为，只有参与者对于环境不确定性的看法是有意义的："环境的物理属性不应该在没有确定参与者对于环境不确定认知结果一样的情况下对其物理属性进行测量。"此外，他们还认为，目前他们并不清楚为什么分析者有兴趣建立一个预测不确定性的物理环境属性的测量模型。此外，Snow（1976）认为："公司采取行动并响应来自他们的高层管理人员已经感知和解释的环境。"也就是说，管理层只响应他所感知的不确定性，那些没有注意到的环境条件并没有影响管理的决定和行动。

然而与早期的生产和供应链柔性研究相比，最近几年的研究开始探索环境不确定性所起的调节作用（见表 8 - 1）。一些研究调查了感知环境不确定性对供应链灵活性与其性能之间关系的调节作用（例如 Merschmann and Thonemann，2011）。还有一些学者研究了供应链柔性与供应链整合（例如 Wong et al.，2011）和信息传递（Blome et al.，2014）之间关系的影响。只有 Gligor（2014）和 Gligor 等（2015）采取衡量了客观环境不确定性，并对其在市场效应与供应链整合之间关系的调节效应进行了研究。本书分析了主观、客观环境不确定与供应链柔性中某个维度之间是否存在关系。

表 8 - 1　环境不确定性与供应链柔性之间的关系

来源	柔性的概念	所采用不确定性概念	关系	方法
Slack（1987）	柔性是关于改变的能力 柔性有两个维度：发生范围和是否具有快速响应能力	市场的不确定性意味着一种需求可能会产生未预测到的意外情况，抑或产品生命周期缩短等	最为关注的生产柔性是由变化和不确定性决定的	访谈与建立理论框架
Swamidass 和 Newell（1987）	生产柔性是一个生产内容变量有助于应对环境的不确定性 柔性的衡量：前两年业务部门的目标	主观环境不确定性：是基于资源的稀缺性和基于信息量基础之上的（Lawrence and Dyer，1983）。环境的不确定性项目被评为总是可预测和永远不可预测的极端之间	在组织自适应的角度上，主观环境的不确定性对生产柔性正相关	问卷调查和面对面访谈
Gupta（1989）	生产柔性是一个系统有效地应对变化的能力	需求和资源的变化是可以被计算机和专家组发现的	"经理"考虑到变化的信号，开发一套"可以进行控制"的生产安排	建立理论框架
Gerwin（1993）	生产柔性：通常被认为是一种对环境不确定性的适应性反应，对于尺寸组合、转换、修改、体积、运输线路、材料的快速响应	环境的不确定性：如市场上流行的产品种类，产品生命周期长短，机器的停机时间，原材料组件的特点等上述情况发生了不确定性的变化	环境的不确定通过生产战略性影响生产柔性	建立理论框架

来源	柔性的概念	所采用不确定性概念	关系	方法
Garavelli（2003）	将供应链柔性定义为一个市场参与者，如企业，能够快速而准确地应对内部、外部所在环境复杂变动的能力	主要指供应链中各节点企业自身各运行状态指标存在的不确定性，如制造不确定性、企业自身运营中存在的不确定性	柔性水平会随着环境不确定水平的增加而逐渐增加。显示了一个内部系统（体系）对环境不确定性的响应	建立理论框架
Pagell 和 Krause（2004）	论证了 Swamidass 和 Newell 的研究（1987）	侧重于客观环境不确定性的研究	OEU 对企业柔性正相关	问卷调查和二手数据
Sánchez 和 Pérez（2005）	柔性在公司中至关重要的程度：产品、范围、采购、物流、关系等方面	研究主观环境不确定	只有一些柔性的某个方面与环境不确定性总体上具有一定的相关关系	问卷调查
Tachizawa 和 Thomsen（2007）	柔性为一公司的采购能够及时满足，成本有效地回应生产的变更需求	单向研究主观环境不确定性与供应链柔性之间的相互关系	供应柔性的决策程序决定了所需的供应柔性	实例探究
Merschmann 和 Thonemann（2011）	柔性为公司能够最快响应的速度与其最大竞争对手的变化（Swafford 等，2006）	单向研究主观环境不确定性与供应链柔性之间的相互关系	供应链的不确定性调节供应链柔性与企业绩效之间的关系	问卷调查
Patel（2011）	柔性为产品多样性能力，侧重于企业提供和制造新产品的能力	单向研究客观环境不确定性与柔性之间的关系	生产柔性增强了企业生产与环境不确定性之间的影响	问卷调查和二手数据
Wong 等（2011）	柔性能够改变生产量，定制产品功能，生产多样的产品规格，使产品组合发生变化的一种能力	主观环境不确定与客观环境不确定性和供应链柔性的多边关系	环境不确定性有助于调节供应链一体化与生产柔性之间的关系	问卷调查

续表

来源	柔性的概念	所采用不确定性概念	关系	方法
Patel 和 Li（2012）	与 Patel（2011）相同	—	生产柔性调节环境不确定性与企业绩效之间的关系	问卷调查和二手数据
Blome 等（2014）	能够适应不断变化的条件并保持竞争力	研究客观环境不确定性、主观环境不确定性与柔性之间的多边关系	客观环境的复杂性调节了信息柔性与供应链柔性之间的关系	问卷调查
Gligor（2014）	柔性为一种有助于更快反映供需变化的能力	研究客观环境不确定性和供应链柔性的多边关系	环境不确定性调节了市场导向与供应链导向之间的关系	问卷调查和二手数据
Gligor 等（2015）	公司能够有能力快速调整其供应链战略和运营	侧重研究为客观环境不确定性	环境不确定性调节了供应链柔性与客户/成本效率之间的关系	问卷调查和二手数据
Yu 等（2017）	企业间关系中的柔性包括了基于资源和基于规范的两方面	测量了感知环境不确定性	环境不确定性正向调节物流柔性对关系满意度的影响，但是负向调节关系柔性对关系满意度的影响	问卷调研
Rojo 等（2018）	供应链柔性是供应链职能应对环境变化的能力	测量了感知环境不确定性	环境的动态性通过吸收能力和组织学习正向影响供应链柔性	问卷调查

来源	柔性的概念	所采用不确定性概念	关系	方法
Yu 等（2018）	定义与 Yu 等（2017）一致	同时测量了客观和感知不确定性	客观环境不确定性、感知环境不确定性和它们之间的一致性对关系柔性和物流柔性有不同的作用	案例研究
Gligor（2018）	系统柔性的视角	客观环境不确定性	买卖双方之间的柔性匹配对供应商绩效的影响受到环境成长性、动态性和复杂性的调节	资料分析和问卷调查

第二节　研究假设

1. 环境不确定性对供应链柔性的影响

之前柔性理论的主要论据证明，客观环境的不确定性直接影响了企业的供应链柔性，这个观点也是传统的权变理论中适应理论的核心，同时，该观点也说明了高绩效的企业在策略制定中通常会考虑环境因素（Chakravarthy，1982）。

由此，提出以下几个假设：

H1：客观环境的不确定性对供应链柔性没有显著的影响。

H1a：客观环境的不确定性对物流柔性没有显著的影响。

H1b：客观环境的不确定性对关系柔性没有显著的影响。

由于管理者的决策并不是在客观现实的变化上，而是基于他们如何看待和感知环境变动的基础上（Ashill and Jobber，2010），因此当研究重点在管理决策时，对环境的感知比实际环境更重要。组织信息处理理论认为，当组织处于迅速变化且信息量传递较少的环境中时，就需要高水平的信息处理过程（Daft and Huber，1987；Galbraith，1974；Leblebici and Salancik，1981；Nonaka and Nicosia，1979），因此，有效地处理环境信息的供应链柔性，可以帮助组织适应不断变化的环境。

根据交易成本理论，环境不确定性的直接影响是，它会影响一个公司履行合同各方面的能力（Williamson，1985）。市场治理的根本问题就是即使是最严谨的合同，也不能涵盖到所有的信息。当环境是高度不确定的，供应商需要自愿适应变化。如果厂商决定适应这种变化的不确定性，那么这就会导致交易成本的增加与业务相关的协议重新谈判，并修改和执行合同条款的相关问题（Rinfeisch and Heide，1997）。供应商合作伙伴关系的长期性将促使供应商更愿意适应变化，不再进行投机性交易，并考虑在长期合作下的互惠互利。根据 Wei 等（2012）建议，企业应协调供应链伙伴关系，通过信息共享，以减轻环境不确定性的影响。

因此，提出以下几个假设：

H2：主观环境的不确定性对供应链的柔性是正向的影响。

H2a：主观环境的不确定性对物流柔性是正向的影响。

H2b：主观环境的不确定性对关系柔性是正向的影响。

2. 环境不确定性对供应链柔性的非线性影响

尽管有很强大的理论基础，但是在测量主观环境不确定性（PEU）并研究其与企业生产柔性之间的关系时，研究人员发现了不一致的结果（Corrêa，1994；Gerwin，1993；Slack，1987；Swamidass and Newell，1987）。例如，Swamidass 和 Newell（1987）发现，在主观环境不确定性对生产柔性有正向的影响这个假设中，实证结果对假设仅有中等程度的支持。同样，Gerwin（1993）提出了一个模型，认为正是环境的不确定性导致制造业战略制定，因此要求系统具有柔性。利用 Swamidass 和 Newell（1987）的测量方法，Pagell 和 Krause（1999）并没有发现主观环境的不确定性和运营柔性之间有显著关系。

因此，Yeung 等（2013）认为，环境不确定性与供应商关系之间的联系目前有两种对立观点。正相关关系得到了一定的实证支持。由于市场的特点在于短视性和竞争性，它使得供应商对于解决适应不确定性这个问题并没有任何的激励作用，这意味着市场并不是一个在不确定环境下进行的供应商关系管理的有效机制。然而，最近的研究认为环境不确定是多余的，并且对于供应商关系处理上甚至存在一种反作用。一种解释是，当公司面临不确定性时，他们需要实现信息的自由搜索以应对外部变化的快速响应（Waldman et al.，2001）。因为最优的搜索结果需要广泛地获取不同的信息来源，如果企业与其他合作伙伴过于紧密，那么就可能将信息限制在所建立的信息网络上，从而不适应变化（Weick，1976）。

本书认为，这种不同的实证结果的原因在于主观不确定性和柔性之间的关系可能是非线性的。因此，提出以下假设：

H3：主观环境不确定性对供应链柔性的影响呈 U 形。

H3a：主观环境不确定性对物流柔性呈 U 形关系。

H3b：主观环境不确定性对关系柔性呈 U 形关系。

3. 主观环境不确定性和客观环境不确定性之间的关系

权变理论认为环境不确定性对柔性有直接的作用。如前所述，多数早期的研究都是聚焦在客观环境不确定性或者主观环境不确定性对柔性的直接作用上。但是最近的研究也会关注环境不确定性的调节作用，不过他们更关注主观不确定性的调节作用（例如 Blome et al.，2014；Merschmann and Thonemann，2011；Wong et al.，2011），即便是研究客观环境不确定性的调节作用，也是关注柔性和绩效之间的路径。而我们认为是客观不确定性发挥了调节作用，并且调节了主观不确定性和供应链柔性之间的关系。

由于客观环境不确定性只要求在事物发展环境中无法预见的不确定性，但是客观环境不确定性很容易包含可预测的和不可预测的不确定性，因此客观和主观环境不确定性的测量之间已经得出了弱到中度的相关性（Boyd et al.，1993；Lueg and Borisov，2014）。实际上，客观环境不确定性的变化更多的是跨行业的差异，而主观环境不确定性更多的是与行业内的整体差异。因此，假设在同一行业内，客观的不确定性是相同的，但是每个行业内的企业都会看到不同的不确定性水平。由于环境扫描是支持决策的一种战略活动（Priem et al.，2002），外部环境的不确定性会调节决策者对环境不确定性的主观感知从而对柔性战略决策产生影响。因此，提出以下假设：

H4：客观环境不确定性调节主观环境不确定性对供应链柔性的作用。

第三节　研究方法

在前期案例研究的基础上，利用质性分析软件 Nvivo10 数据学习得出词频，随后用词频分析法扩大到农业与食品行业和制造业，以期获得行业背景下环境不确定性与供应链柔性之间的关系。

本书利用 Wind 咨讯平台中的 Wind 行业分类标准，选取了 116 家企业，并将116 家上市农业、食品企业分为 4 个子行业，即酒、饮料和精制茶业，食品制造业，农副产品加工业，以及农业。其中，农业企业共计 13 家，农林牧渔服务业企业 19家，食品制造业企业 19 家，农副产品加工企业 28 家，酒、饮料和精制茶业企业37 家。

为了构建完整、可靠的证据链，笔者主要通过一手数据和二手数据的方式收集资料，以此达到相互印证的效果。在一手数据方面，前期采用了半结构化访谈和结构化访谈的方式，采访了 6 个公司的高管团队，在访谈之前我们会预先设计好问题并将提纲给对方，在访谈的过程中根据实际情况进行调整和增删。后期的行业研究主要是在财经类网站通过下载企业年度分析报告进行分析。

为了避免回溯性偏误，笔者还通过公开渠道收集二手资料，二手资料包括 6 个样本公司的资料，样本公司所在行业的资料，以及 116 家企业的年度分析报告。前期预调研企业一手材料及二手材料主要来源于：①公司内部文件，包括公司的管理制度和宣传资料；②上市公司信息披露相关：包括公司每年的年度报告、公司的重大事项公告以及我国或国外咨询机构研究者对于该公司的研究报告；③官方网站：通过官方网站了解公司的发展历程和基本情况；④高管接受媒体的采访和发言记录，公司领导人的自传等；⑤目前对于 4 个样本公司学术性研究资料（资料获取方式见表 8 - 2）。后期内容分析方法所使用的资料通过巨潮资讯以及新浪财经等渠道获得 2010 年上述 116 家农业、食品上市企业的年报共 116 份，通过 Wind 资讯分别获得各子行业（酒、饮料和精制茶业，食品制造行业，农副食品加工行业以及农业）中各企业 2005～2009 年、2011～2015 年的销售收入数据进行统计分析；并在国家统计局官方网站查找各子行业 2005～2009 年和 2011～2015 年的总销售收入。

表 8 - 2　资料收集方式

来源方式	资料数据	获取方式	分析工具
一手数据	访谈资料	访谈了高管，每人 1~2 小时	
二手数据	公司内部管理制度和资料	通过公司内部获取和公司官网下载	质性分析软件 Nvivo（2015 年 10.0 版本）
	上市公司公告、投资机构研究报告	Wind 资讯、新浪财经	
	高管采访记录、公开发言记录、传记	新闻库和图书馆	
	对各公司进行研究的学术资料	知网和谷歌学术	

　　本书选择的数据大多来自官方公开的二手信息资料，例如企业年报以及中国投入产出协会统计的投入产出数据等，以其作为本书的数据来源，相对于调查问卷而言，对研究结果具有更大的说服力。一方面，在理论和实践上，许多专家学者都认为官方产品认证信息具有更强的代表性（Manikas and Manos，2009），通过从官方网站公开查询到的信息更权威完整；而通过调查问卷收集的信息主观性较大且无法保证信息收集的完整性与精确度；另一方面，在投资者了解企业公开信息的时候，年报是他们首要关注的同时也是较为便捷能够获取到的公开的企业信息披露报告，这些能够影响他们做出投资决策。因此企业年报中的信息一定是相对最全面的，其中就包括每个企业同时涉足的供应链各个维度、上下游各个方面的详细经营状况，这将为我们测算主观环境不确定性、供应链柔性提供非常有说服力的信息（具体测量见第三章）。

第四节　研究结果

　　1. 环境不确定性与供应链柔性之间的线性关系

　　为了验证假设，我们应用回归方法。首先以主观环境不确定性成长量、主观环境不确定性波动量、上文中计算得到的客观环境不确定测量作为自变量，将供应链柔性中物流柔性作为因变量，结果分别如表 8 - 3 所示。具体而言，客观环境不确定成长、客观环境不确定波动维度均对物流柔性变动表现不显著（p >

0.05），即验证了假设 H1a；同时，主观环境不确定性成长和波动对于物流柔性变动表现出显著影响且为正向影响（$\beta = 0.466$，$p < 0.001$；$\beta = 1.107$，$p < 0.05$），从而验证了假设 H2a。

表 8 - 3　环境不确定性对物流柔性的线性影响

	M0	M1 - 1	M1 - 2	M2 - 1	M2 - 2
_ con	11.194**	2.300	4.107	7.939	12.227**
第一大股东持股比例	- 0.002	0.005	0.001	- 0.001	- 5.895E - 5
	(0.044)	(0.025)	(0.043)	(0.044)	(0.044)
所有制	- 2.027	- 1.174	- 2.042	- 2.070	- 2.109
	(1.352)	(0.134)	(1.312)	(1.347)	(1.345)
总资产对数	- 0.1	- 0.03	- 0.048	- 0.027	0.047
	(0.165)	(0.018)	(0.161)	(1.347)	(0.268)
员工人数	1.28E - 05	0.000	- 1.808E - 5	9.825E - 6	7.451E - 6
	(0.0088)	(0.004)	(0.000)	(0.000)	(0.000)
至 2010 年成立年数	- 0.174	- 0.127	- 0.252	- 0.172	- 0.169
	(0.1623)	(0.117)	(0.160)	(0.163)	(0.162)
主观不确定性——成长		0.466***			
		(0.121)			
主观不确定性——波动			1.107**		
			(0.395)		
客观不确定性——成长				1.072	
				(3.262)	
客观环境不确定性——波动					- 2.006
					(2.843)
R^2	0.075	0.071	0.063	0.038	0.042
F	0.167	0.009	0.202	0.723	0.790

注：第一行为回归系数，括号内为标准误；* 表示 $p < 0.05$，** 表示 $p < 0.01$，*** 表示 $p < 0.001$。

　　随后，再次继续使用主观环境不确定性成长量、主观环境不确定性波动量、上文中计算得到的客观环境不确定测量作为自变量，将供应链柔性中关系柔性这个维度作为因变量，结果分别如表 8 - 4 所示。具体而言，主观环境不确定成长性与关系柔性变动表现显著（$\beta = 0.236$，$p < 0.001$），验证了假设 H2b；同时，

客观环境不确定性多样性维度和成长性维度对于关系柔性变动不显著（p＜0.05），因此验证了假设H1b。

表8－4 环境不确定性对关系柔性的线性影响

	M0	M1－1	M1－2	M2－1	M2－2
_con	12.125***	7.663	9.109**	15.436	11.671***
第一大股东持股比例	0.008	0.011	0.010	0.007	0.007
	(0.026)	(0.025)	(0.026)	(0.026)	(0.026)
所有制	−1.218	−0.798	−1.192	−1.194	−1.189
	(0.801)	(0.785)	(0.799)	(0.805)	(0.805)
总资产对数	−0.272	−0.239	−0.244	−0.348*	−0.342
	(0.097)	(0.094)	(0.098)	(0.170)	(0.161)
员工人数	−4.026E−5	−5.857E−5	−5.336E−5	−3.709E−5	−3.766E−5
	(0.000)	(0.000)	(0.000)	(0.000)	(0.000)
至2010年成立年数	−0.120	−0.095	−0.153	−0.120	−0.121
	(0.097)	(0.095)	(0.096)	(0.097)	(0.097)
主观环境不确定性——成长		0.236**			
		(0.073)			
主观环境不确定性——波动			0.456		
			(0.241)		
客观环境不确定性——成长				−1.070	
				(1.949)	
客观环境不确定性——波动					0.936
					(1.701)
R^2	0.082	0.187	0.133	0.113	0.113
F	0.127	0.293	0.015	0.039	0.101

注：第一行为回归系数，括号内为标准误；*表示 $p<0.05$，**表示 $p<0.01$，***表示 $p<0.001$。

2. 环境不确定性对供应链柔性的非线性影响

随后我们测试了主观环境不确定性的两个维度对关系柔性和物流柔性的非线性影响。为了验证假设，我们应用非线性回归方法。将主观环境不确定性、主观环境不确定性平方项作为自变量，将供应链柔性中物流柔性作为因变量，将第一大股东持股比例、企业所有制、总资产、成立年数作为控制变量，结果分别如表

8 - 5 所示。具体而言，我们发现主观环境变动平方项对关系柔性表现临界显著（β = 0.179，p < 0.1），即验证了假设 H3b。

表 8 - 5　环境不确定性对关系柔性非线性影响

	M0	M3 - 1	M3 - 2	M4 - 1	M4 - 2
_con	12. 125 ***	7. 663	7. 680 *	9. 109 **	8. 258
第一大股东持股比例	0.008	0.011	0.011	0.010	0.010
	(0.026)	(0.025)	(0.026)	(0.026)	(0.026)
所有制	− 1. 218	− 0. 798	− 0. 798	− 1. 192	− 1. 201
	(0.801)	(0.785)	(0.784)	(0.799)	(0.804)
总资产对数	− 0. 272	− 0. 239	− 0. 235 *	− 0. 244	− 0. 245
	(0.097)	(0.094)	(0.094)	(0.098)	(0.099)
员工人数	− 4. 026E − 5	− 5. 857E − 5	− 5. 861E − 5	− 5. 336E − 5	− 5. 298E − 5
	(0.004)	(0.000)	(0.000)	(0.000)	(0.000)
至2010年成立年数	− 0. 120	− 0. 095	− 0. 095	− 0. 153	− 0. 150
	(0.097)	(0.095)	(− 0. 236)	(0.096)	(0.101)
主观不确定性——成长		0. 236 **	0. 233		
		(0.073)	(0.296)		
主观不确定性——波动				0. 456	0. 702
				(0.241)	(1.539)
主观成长平方项			0. 179 *		
			(0.994)		
主观波动平方项					− 0. 017
					(0.107)
R^2	0.110	0.187	0.013	0.133	0.027
F	0.332	0.293	0.202	0.015	0.063

注：第一行为回归系数，括号内为标准误；* 表示 $p < 0.05$，** 表示 $p < 0.01$，*** 表示 $p < 0.001$。

3. 主观环境不确定性和客观环境不确定性之间的关系

为了验证前面结果的稳定性，我们对所有供应链柔性的维度加总作为新的因变量，并且针对计数变量使用泊松回归，考虑了更多的控制变量，同时检验线性调节作用和非线性调节作用。如表 8 - 6 所示，模型 5 - 1 检验了主观环境成长性和主观环境波动性的作用，这两个维度对供应链柔性的作用依然是正向的并且显著（β = 0.546，p < 0.01；β = 0.325，p < 0.01）。模型 5 - 2 检验了主观环境不确定性对供应链柔性的非线性作用，结果显示主观环境成长平方项和主观环境波动平方项对供应链柔性的作用都显著（β = - 0.310，p < 0.01；β = 0.577，p < 0.01）。但是与关系柔性的结果不同，前者是 U 形，而后者是倒 U 形。如前所述，我们认为造成 U 形的原因主要是实施柔性的动力和实施柔性的阻力两者之间的差值造成的（Hanns，Pieters and He，2016）。对于环境成长性来说，企业更容易获得用于预测的资源，因此高水平的环境成长意味着经理人能够更好地预测环境状态的概率。因此，其相对企业实施柔性的动力弹性就会降低。而随着环境动态性的提升，经理人预测难度越来越高，这种弹性反而会增加。

最后，我们检验了客观环境不确定性的调节作用。模型 6 - 1 和模型 6 - 2 分别是针对线性关系的调节和非线性关系的调节。结果表明，不管是客观环境成长与主观环境成长的交互项，还是客观环境波动与主观环境波动的交互项，对供应链柔性的影响都是显著的（β = 0.261，p < 0.01；β = 0.611，p < 0.01）。但是，对于非线性调节，只有客观环境成长与主观环境成长的平方项对供应链柔性的作用显著（β = - 0.359，p < 0.1），因此支持非线性调节作用。如图 8 - 1 所示，无论是在到达拐点之前还是在到达拐点之后，在低水平的客观环境成长的情况下，主观环境成长对供应链柔性的作用都比高水平情况下要强。我们认为这与经理人决策中的信息处理过程相关（Hambrick，2007），客观环境波动强调的是与信息质量相关的动态性，而客观环境成长关注的是与信息数量相关的处理能力（Nonaka and Nicosia，1979）。随着客观环境不确定水平的提升，加工处理信息的难度都会增加，从而促使企业更愿意实施柔性。如前所述，相对实施柔性动力的弹性即弧线的斜率对环境成长来说更小，从而使得差距在低水平的时候更大。

表 8 - 6　客观环境不确定性对主观环境不确定性和柔性之间关系的调节作用

	M0	M5 - 1	M5 - 2	M6 - 1	M6 - 2
_ cons	7.279 ***	6.905 ***	7.034 ***	7.436 ***	7.459 ***
	(0.020)	(0.022)	(0.027)	(0.073)	(0.075)
第一大股东持股比例	- 0.000 **	- 0.000	- 0.000	- 0.000	- 0.000
	(0.000)	(0.000)	(0.002)	(0.000)	(0.000)
所有者性质	- 0.039 ***	- 0.008	- 0.002	- 0.007	- 4.408 **
	(0.005)	(0.005)	(0.005)	(0.005)	(1.971)

续表

	M0	M5－1	M5－2	M6－1	M6－2
企业年限	－0.005	－0.005***	－0.007***	－0.007	－0.007
	(0.001)	(0.001)	(0.001)	(0.001)	(0.005)
企业规模	0.000	0.002**	0.002***	0.005***	－0.007***
	(0.001)	(0.001)	(0.001)	(0.001)	(0.001)
东部地区	0.029*	0.052***	0.043*	0.032*	0.030*
	(0.017)	(0.017)	(0.017)	(0.017)	(0.017)
中部地区	0.030*	0.094***	0.093***	0.064***	0.065***
	(0.017)	(0.018)	(0.018)	(0.018)	(0.018)
西部地区	0.096***	0.117***	0.110***	0.083***	0.082***
	(0.017)	(0.017)	(0.018)	(0.018)	(0.018)
内部信息整合	－0.006	0.038***	0.048***	0.052***	0.052***
	(0.007)	(0.008)	(0.008)	(0.008)	(0.008)
外部信息整合	0.100***	0.032***	0.011*	0.009	0.008
	(0.006)	(0.007)	(0.007)	(0.007)	(0.007)
主观不确定性——成长		0.546***	0.790***	0.541***	0.522***
		(0.015)	(0.040)	(0.052)	(0.134)
主观不确定性——波动		0.325***	－0.283***	－0.619***	－0.747***
		(0.013)	(0.053)	(0.063)	(0.098)
主观不确定性——成长平方项			－0.310***	－0.264***	－0.251
			(0.047)	(0.048)	(0.188)
主观不确定性——波动平方项			0.577***	0.682***	0.821***
			(0.049)	(0.051)	(0.096)
客观不确定性——成长				－0.529***	－0.260***
				(0.058)	(0.054)
客观不确定性——波动				－0.529***	－0.583***
				(0.058)	(0.066)
客观不确定性——成长 × 主观不确定性——成长				0.261***	0.274*
				(0.045)	(0.155)
客观不确定性——波动 × 主观不确定性——波动				0.611***	0.929***
				(0.052)	(0.195)
客观不确定性——成长 × 主观不确定性——成长平方项					－0.003
					(0.219)

	M0	M5－1	M5－2	M6－1	M6－2
客观不确定性——成长×					－0.359*
主观不确定性——成长平方项					(0.211)
N	115	114	114	114	114
R²	6.9	40.46	43.29	45.9	45.94

注：第一行为回归系数，括号内为标准误；＊表示 p＜0.1，＊＊表示 p＜0.05，＊＊＊表示 p＜0.01。

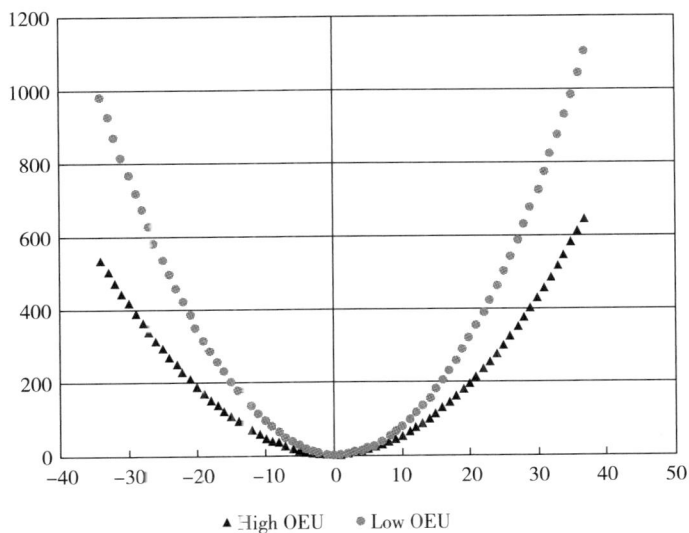

图8－1　客观环境成长型非线性调节作用的散点图

第九章 农产品供应链整合与柔性的关系

第一节 研究意义

供应链的柔性对于企业在高度不稳定和不确定的环境下获得竞争力至关重要（Eckstein et al.，2015；Fantazy et al.，2009；Jin et al.，2014；Yu et al.，2015）。供应链柔性可以提高公司的财务和经营业绩（例如 Fantazy et al.，2009；Gligor et al.，2015；Jin et al.，2014）。然而，关键问题是如何通过内部（例如 Lummus et al.，2003）或外部物流（例如 Tachizawa and Thomsen，2007），内部组织设计或外部联盟实现了高水平的供应链柔性（例如 Braunscheidel and Suresh，2009；Wong et al.，2011）。

一些研究表明，内部整合和外部整合是供应链柔性的重要来源（例如 Swafford et al.，006；Tachizawa and Thomsen，2007；Wang and Wei，2007）。一些实证研究还通过将供应链柔性视为供应链绩效的一个维度来检验供应链整合与柔性之间的关系（Rosenzweig et al.，2003；Flynn et al.，2010）。但是，结果尚无定论。Wieland 和 Wallenburg（2012）的研究并没有获得外部整合与供应链敏捷性之间关系的证据，这与 Paulraj 和 Chen（2007）以及 Braunscheidel 和 Suresh（2009）的观点相反，后者则观察到了积极的关系。Wieland 和 Wallenburg（2012）认为，这种差异归因于不同的定义和整合措施。一些研究人员测量信息整合（例如 Swafford et al.，2008），而其他人则关注功能整合（例如 Leuschner et al.，2013）。前者是供应链中信息共享的程度，而后者则是协作联合活动、工作流程和协调决策。因此，由于不同研究中供应链整合的不同定义，供应链整合与柔性之间的关系是不确定的。

而在实践中，公司试图通过实施供应链的信息和运营整合来提高其应对环境不确定性的能力。食品行业是一个动态环境的例子，客户对食品安全有很高的期望，对可持续生产食品的需求不断增长，对食品生产和供应的过程和方法也有很高的认识（Beske et al.，2014）。因此，从理论和实践的角度来看，探索供应链整合、柔性和绩效之间的关系都是非常重要的。在本书中，对此问题的探索将侧重于信息整合，并阐明其在柔性和运营绩效中的作用。这些结果为开发供应链管理从业人员的有效整合方法提供了进一步的指导。

我们认为供应链信息整合和柔性都应被视为多维概念。我们区分两种类型的信息整合，即内部和外部信息整合，以及两种类型的供应链柔性，即适应性和前摄性供应链柔性。资源基础理论（RBV）为理解企业如何通过资源和能力实现和维持竞争优势提供了一个有影响力的框架（Barney，1991；Penrose，1959）。基于RBV，我们详细阐述了这些维度的不同含义，例如：内部和外部信息集成作为无形资源捆绑，适应性和前摄性供应链柔性分别作为处理信息的自适应和动态能力（Day，2011）。通过采用"能力方法"，我们强调供应链信息整合如何通过供应链柔性的两个维度所起的不同中介作用来提高公司绩效。

首先，该研究阐明了供应链信息集成对于适应性和前摄性柔性的影响，这在以前的研究中是模棱两可的。因此，鼓励公司通过调整供应链的不同流程来提高应对环境变化的能力。其次，目前的研究考察了供应链柔性对供应链信息整合与运营绩效之间关系的中介效应。因此，可以为公司提供通过供应链柔性来改善其运营绩效的建议。该研究还表明，在通过供应链柔性提高运营绩效过程中，外部信息整合比内部信息整合更重要。因此，确定了内部和外部信息整合的效果，公司应该更加关注外部信息整合。

第二节　研究假设

1. 资源整合：供应链信息整合

RBV认为公司的资源是有价值的、稀有的、无法模仿的，而不是可替代的，可以带来可持续的竞争优势（Barney，1991）。资源可以是有形的或无形的商业运作，并且对于竞争成功和适应性是必要的，因为这是一个困难和耗时的积累过程（Itami and Roehl，1987）。信息和知识共享通常被视为与共享信息的性质相关的无形资源（Größler and Grübner，2006；Brandon – Jones et al.，2014）。信息和知识共享是双向沟通并实现信息流的整合（Durugbo，2014；Handfield et al.，2015）。供应链信息整合被定义为焦点公司在交易期间或与其内部部门或外部供应链合作伙伴战略性地共享信息的程度，以促进组织间和组织内部流程的简化（Durugbo，2014；Prajogo and Olhager，2012）。

根据供应链整合的概念（Flynn et al.，2010；Stank et al.，2001；Zhao et al.，2011），供应链信息整合包括两个维度，即内部信息整合和外部信息整合。内部整合是指企业将组织实践、程序和行为结构化、协作、同步和管理流程以满足客户需求的程度（Cespedes，1996；Chen and Paulraj，2004；Kahn and Mentzer，1996）。基于资源整合理论的观点，内部信息集成主要涉及通过 ERP 和其他平台共享信息系统集成，实现跨组织内部功能的存储和操作信息的实时搜索（Roh and Hong，2015；Wang et al.，2016）。相比之下，外部整合是指企业可以与焦点企业以外的关键供应链成员合作，将其组织间的战略、实践、程序和行为结构化、协作、同步和管理的流程（Chen and Paulraj，2004；Stank et al.，2001）。基于对 RBV 扩展的理论视角，外部信息整合是指跨组织间过程开展电子联系以进行沟通和信息共享的程度（Xu et al.，2014；Wong et al.，2013）。外部整合包括与供应商和客户的战略联盟（Narasimhan and Kim，2002；Stank et al.，2001；Zhao et al.，2011；Wong et al.，2011，2013）。外部信息整合可以进一步分为两个维度，即客户信息整合和供应商信息整合。

2. 信息能力：供应链的柔性

根据 RBV 理论，资源是企业的"基本"财务、物质、个人和组织资本的属性，而能力是企业的属性，使他们能够利用其资源实施战略（Hill and Jones，1992；Hitt et al.，1999）。有形或无形资源只有在能够使公司制定并实施且产生卓越绩效的战略时才具有战略意义（Barney and Arikan，2006）。因此，核心竞争力和独特能力这一主题对于解释资源整合如何能带来企业的竞争优势至关重要。

信息能力是指组织获取、处理和传输信息以支持决策的能力（Grover and Malhotra，2003）。供应链柔性包含多种柔性维度，包括供应链中两个或多个功能的共同责任，并通过聚合供应链敏捷性间接影响公司的客户（Duclos et al.，

2003；Swafford et al.，2008；Vickery et al.，1999）。柔性是指由于缺乏高质量信息，通过信息处理实现变革以应对复杂和不确定环境的能力（Luo and Yu，2016）。供应链的柔性与交通规划和管理、设施结构管理、库存管理、物料处理以及逆向物流、跟踪和交付等活动中的信息处理有关（Yu et al.，2016）。

动态能力的概念是基于基础性资源的理论发展而来的。这一概念被定义为整合、构建和重新配置内部和外部能力，以此来应对快速变化环境的能力（Teece et al.，1997）。动态能力的大多数应用与创新、企业家精神和研发战略有关。各种供应链活动可以改变市场结构。因此，供应链管理也可被认为是创业和适应性的动态能力（例如，实施灵活的制造系统以产生新产品）。

因此，与外部环境相匹配的内部策略被认为可能是在一个极端上具有适应性而在另一个极端上具有主动性（Walker and Ruekert，1987）。一些学者认为柔性不仅可以作为对不确定环境被动和适应性的反应，而且还具有重新定义市场不确定性或影响客户对特定行业的期望的主动功能，但是对于不稳定环境的分析和测量，大多数研究者都关注适应性柔性。我们将供应链柔性区分为两个维度：适应性和前摄性。在应对不断变化的环境时，供应链管理的所有流程都面临着战略选择的两个方面：基于公司特定能力的被动性和基于动态能力的主动性。

3. 资源和能力：供应链信息整合对供应链柔性的影响

因为需要集成和整合资源才能创造价值，所以研究人员认为这些过程需要开发能力（Brandon－Jones et al.，2014；Ravichandran and Lertwongsatien，2005；Zhu and Kraemer，2002）。供应链信息整合的两个维度被识别为无形信息共享，而供应链柔性的两个维度被定义为信息能力。根据信息处理理论中的基本命题，突出了信息处理需求与信息处理能力之间的契合度（Galbraith，1974；Hazen and Sankar，2015），有效的信息处理涉及供应链柔性的信息能力，被用于组织内或组织间的供应链活动以处理充足的信息流。此外，将供应链柔性区分为被动和主动方面，这样可以进一步帮助理解供应链信息整合对供应链柔性的影响。

被动性供应链柔性是企业根据环境变化进行调整的一种适应能力。这种能力指的是"适应市场变化的灵活性，特别是反映了公司将内部资源与外部需求保持一致的能力"（Zhu et al.，2017）。它基于企业所拥有的战略资源，这些资源是由资源整合和跨职能合作形成的内部重要、稀有和不可替代的资源。它高度依赖于外部环境的主动扫描（Eshima and Anderson，2017），并涉及广泛的信息交换。

因此，与内部资源相关的供应链柔性的前因变量涉及如信息技术和通信、互联网、过程技术、培训和劳动技能等（Braunscheidel and Suresh，2009），可以积极地影响适应性供应链柔性。特别是内部信息集成，跨组织内部功能配置信息共享基础设施（Lai et al.，2008；Wong et al.，2013），并要求公司具有适应能力，以促进组织在信息处理方面的能力。学者认为外部整合会积极影响供应链的柔性（例如，王和魏，2007）。通过与供应链成员的信息共享，外部信息集成作为无形资源整合，也推动了适应性供应链柔性，以此消除任务的不确定性。

但是，仅依靠对外部环境的被动适应不足以使公司获得可持续的竞争优势。RBV 文献中的动态能力分支突出了企业以两种方式形成前摄供应链柔性的目标。一方面，它强调适应、整合和重新配置内部和外部资源的能力开发过程，以满足不断变化的环境要求（Teece et al.，1997）；另一方面，它指的是企业实现与不断变化的商业环境一致的更新能力（Teece et al.，1997）。信息被认为是一种重要的资源投入，使企业能够建立和调整其现有的环境知识和实践（Ravichandran and Lertwongsatien，2005）。因此，作为一种动态能力的前摄供应链柔性需要内部信息集成，以及焦点公司与其外部合作伙伴（包括供应商或客户）之间的通信和信息共享，以便在上市时间和时间紧迫时收集和处理信息。技术变革的速度很快，未来竞争和市场的性质都很难确定。

因此，我们假设：

H1：供应链信息集成对供应链柔性产生积极影响。

H1a：内部信息整合积极影响适应性供应链的柔性。

H1b：外部信息整合积极影响适应性供应链的柔性。

H1c：内部信息整合积极影响前摄性供应链的柔性。

H1d：外部信息整合积极影响前摄性供应链的柔性。

4. 能力和优势：供应链柔性对运营绩效的影响

虽然供应链柔性有时被认为是企业绩效的指标（Beamon，1999；Gunasekaran，2001；Persson and Olhager，2002；Van der Vorst et al.，2002），但我们关注运营绩效并将供应链柔性视为其来源。Vickery 等（1999）证实供应链的柔性对公司业绩有积极影响。Sanchez 和 Pérez（2005）探讨了供应链柔性与公司绩效之间的关系。但是，与供应链柔性相关的绩效结果可能不仅限于广泛的公司业绩，还包括其他间接结果。例如，在 Lummus 等提出的框架中（2003），有柔性的供应链能提高客户满意度和使库存最小化。Fantazy 等（2009）表明供应链柔性的不同方面对供应链绩效表现出不同的影响，包括财务和非财务绩效结果。

与公司绩效相关的一个概念是运营效率，它代表公司运营管理在基于有限资源获得最大利润时的生产率。运营效率通过资源利用率提高了运营管理中的企业生产力和价值转移（Wang and Song，2012）。使用 DEA 的各种研究已经确定具有高水平运营效率的公司具有很高的价值（Ablanedo - Rosas and Gemoets，2010；Emrouznejad and Anouze，2010）。

早期的 RBV 研究认为，宝贵而稀有的资源可以帮助企业创造价值和竞争优势（Barney，1991；Penrose，1959；Rubin，1973；Wernerfelt，1984）。然而，最近的文献强调企业如何配置和重新配置其资源是一个更好的绩效指标（Eisenhardt and Martin，2000；Teece et al.，1997）。在不确定的市场环境中，企业保持柔性和快速改变战略的能力有助于企业的竞争优势（Kogut，1991；Trigeorgis，1995）。因此，该研究认为，供应链的柔性作为企业的适应能力和动态能力，使企业能够实现卓越的绩效。因此，我们假设如下：

H2：供应链柔性对运营绩效有积极影响。

H2a：前摄供应链柔性对运营绩效产生积极影响。

H2b：适应性供应链柔性对运营绩效产生积极影响。

5. 作为中介因素的能力：供应链柔性的中介效应

在资源、能力和供应链管理领域，适应能力被确定为资源与企业竞争优势之间的联系。适应能力意味着拥有宝贵的资源并不总能带来卓越的绩效；相反，企业对其资源的影响最终决定了它的命运（Ketchen et al.，2014）。根据 RBV，这一结果的主要原因是，企业的有形资源或无形资源只有企业制定并实施战略时才产生卓越绩效。因此，能力应旨在提高其他资源的生产力，以满足这一要求。根据这种"资源—能力—绩效"关系，我们提出供应链柔性对供应链信息集成与运营绩效之间的关系发挥中介效应。

虽然大多数研究支持供应链信息整合对企业绩效产生积极影响的观点（Huang et al.，2014；Xu et al.，2014；Roh and Hong，2015；Wang et al.，2016），一些研究人员也试图进一步探索这种关系背后的机制。例如，Wong 等（2013）表明，环境信息整合的战略价值超越了供应链合作伙伴之间环境管理信息的共享，同时有助于提高财务和环境绩效的企业环境管理能力。布兰登 - 琼斯等（2014）表明供应链可视性的中介作用是供应链连接和信息共享作为资源时对供应链的弹性和稳健性的影响。Gunasekaran 等（2017）检查透明度和信息共享对供应链和运营的影响，并确定通过最高管理层承诺，从而发展大数据和预测分析的能力。

上一节确定内部信息集成和外部信息集成可以增强适应性供应链柔性，从而使焦点企业利用适应能力快速响应环境变化，从而保护企业免受环境不确定性的黑暗面的影响。以类似的方式，内部和外部信息集成可以增强前摄性供应链柔性，使焦点企业积极预测环境变化，并在一切变化之前调整供应链流程，从而避免环境不确定性的负面影响。因此，供应链柔性是将供应链信息集成与企业竞争优势联系起来的一种信息能力。我们提出以下假设：

H3：供应链柔性中介供应链信息集成对运营绩效的影响。

H3a：适应式供应链的柔性可以中介内部信息集成对运营绩效的影响。

H3b：适应式供应链的柔性可以中介外部信息集成对运营绩效的影响。

H3c：前摄式供应链的柔性可以中介内部信息集成对运营绩效的影响。

H3d：前摄式供应链的柔性可以中介外部信息集成对运营绩效的影响。

第三节　研究方法

1. 数据收集

为了验证理论假设，本书通过分析中国农业与食品行业上市公司的年度报告，进行了内容分析。农业食品行业为供应链信息整合和柔性提供了适当的研究环境。该行业的供应链通常包括各种各样的供应链合作伙伴，这些合作伙伴会增加复杂性并降低透明度（Roth et al.，2008）。农产品供应链的物流过程更难以控制，需要比传统供应链更严格的时间和安全标准（Ahumada and Villalobos，2009；Eksoz et al.，2014），并要求农业企业提高其柔性以响应外部环境。一方面，生产环境和原材料特性导致产品质量的不确定性（Kennett et al.，1998），这鼓励农业企业提高制造和产品柔性；另一方面，激烈的竞争和各种消费者需求鼓励农业企业调整其在供应链中的采购和分销流程，因此选择该行业对于当前研究的研究背景是合理的。

我们使用上市公司的年度财务报告作为数据来源，具体包括以下原因。首先，上市公司的年度报告经常提供有关供应链管理和公司业绩的广泛信息，这些都是本书的关键变量。公司年度报告中的信息对于股东和其他投资者在制定投资决策时非常重要。因此，上市公司在其年度报告中披露了大量竞争信息，包括表明供应链信息整合、供应链柔性和公司经营业绩的数据和实践（Lao et al.，2010；Modi and Marbert，2010；Vickery et al.，2003）。其次，与公司发布的其他报告不同，年度报告采用统一格式，收集和比较信息方便快捷。与季度报告不同，年度报告涵盖了整整一年的信息。年度报告中也列出了季度报告中的信息。因此，我们只需要年度振告中的数据。

2. 变量测量

（1）因变量。因变量是经营业绩，以流动资产周转率表示（Wang and Song，2012），即主营业务收入与流动资产之间的比率。运营绩效代表了公司运营管理的生产力，这意味着基于有限的资源获得最大的利润（Coelli et al.，2005）。资产周转率就是这样的指标，因为它是衡量公司利用其资产为公司创造销售收入或销售收入效率的财务比率（Zane et al.，2004）。当前资产周转率较高时，用于一次性流动资产的天数将会减少，流动资产周转速度将更快，表明流动资产使用的结果有所改善。因此，利用流动资产周转率来衡量经营业绩是合理的，较高的值表示操作性能的改善。我们采用了两年滞后的流动资产周转率，即2012年。尽管供应链整合对供应链柔性的影响可能在同一年发生，但供应链柔性对运营绩效的影响将在以后发生。我们还在2010年和2011年测试了数据，但确定只有2012年的影响是显著的。

（2）中介变量。中介变量包括前摄性供应链柔性和适应性供应链柔性。上一节介绍了如何使用内容分析方法对柔性进行编码。供应链柔性的每个维度共有20个编码项目，总计得分为0~20分。前摄柔性是指环境变化后供应链流程的调整。因此，该研究采用了2010年财务报告中的运营和战略信息作为内容分析的来源。然而，前摄柔性基于对外部环境未来变化的预测，主动调整供应链流程。因此，公司将在2011年实施的战略信息被用作编码前摄柔性的来源。

（3）自变量。自变量是供应链信息集成。文献中提出了供应链整合的三个主题：包括整合供应链活动的必要性、组织整合的必要性，以及信息整合的必要性（Silvestro and Lustrato，2014）。然而，供应链整合主要是根据信息整合来衡量的（Swink and Nair，2007；Wong et al.，2013；Zhao et al.，2011）。特别是，Prajogo 和 Olhager（2012）总结了供应链信息整合的两个主要方面：在技术方面，侧重于采用电子商务技术的重要性；在功能方面，强调信息共享和沟通的重要性。因此，从信息整合的角度衡量供应链整合。

此外，供应链信息整合分为内部维度和外部维度。对于内部信息整合，这些措施涉及组织内部门之间的数据集成，以及内部信息系统或平台的建立。对于外部信息整合，这些措施强调使用信息技术与主要供应商或客户共享信息。

该研究采用了一个虚拟变量来表示公司是否有内部信息平台，如 ERP，如果有的话，编码为 1；如果没有，则编码为 0。为了衡量外部信息集成，我们采用了一个变量来表明公司是否具有可追溯系统或销售数据分析。如果公司有其中一个，外部信息整合编码为 1。但是，如果这些公司没有，则赋值为 0。可追溯系统强调与上游供应商的合作，而销售数据分析则展示了焦点公司与下游客户之间的信息共享。这两个因素都可以反映外部信息整合的程度。

（4）控制变量。公司规模、公司年龄、股东、公司类型和行业类型是控制变量。

第四节　研究结果

1. 回归分析结果

通过分步回归来检验假设。表 9 - 1 展示了检验供应链信息整合对柔性、控股股东、公司类型、公司规模、公司年龄和行业类型影响的结果。内部信息整合对适应柔性具有积极影响，其具有边际显著性（$\beta = 0.210$，$p < 0.1$）。该因子显著且积极地影响前摄柔性（$\beta = 0.247$，$p < 0.05$）。因此，H1a 和 H1b 都得到了支持。外部信息整合显著且积极地影响适应柔性和前摄柔性（$\beta = 0.323$，$p < 0.05$；$\beta < 0.337$，$p < 0.01$），它同时支持 H1c 和 H1d。

表 9 - 1　供应链信息整合对柔性的回归结果

变量	适应性柔性		前摄性柔性	
	M1	M2	M3	M4
第一大股东持股比例	- 0.023	- 0.057	0.050	0.003
企业类型	0.159	0.083	- 0.049	- 0.158
企业规模	- 0.194	- 0.262	- 0.132	- 0.232
员工人数	0.052	0.136	0.042	0.164

变量	适应性柔性		前摄性柔性	
	M1	M2	M3	M4
企业年龄	-0.327**	-0.332***	0.027	0.018
农产品	-0.725***	-0.442	-0.144	0.272
食品加工与肉类	-0.874***	-0.502	0.009	0.560
啤酒	-0.467**	-0.247	-0.211	0.116
白酒与葡萄酒	-0.798***	-0.434	-0.088	0.442
内部一体化		0.210*		0.323***
外部一体化		0.247**		0.337***
R^2	0.155	0.246	0.069	0.257
ΔR^2		0.091**		0.188***
F	1.509	2.137**	0.606	2.262**

注：* 表示 $p < 0.1$，** 表示 $p < 0.05$，*** 表示 $p < 0.01$。

表9-2展示了供应链柔性对运营绩效影响的结果。结果表明，适应柔性显著且积极地影响运营绩效（$\beta = 0.210$，$p < 0.05$），而前摄柔性对运营绩效的影响边际显著（$\beta = 0.161$，$p < 0.1$）。因此，H2a 和 H2b 都得到了支持。

表9-2　供应链柔性与企业运营绩效的回归结果

变量	运营绩效		
	M5	M6	M7
第一大股东持股比例	-0.050	-0.045	-0.058
企业类型	-0.193**	-0.226**	-0.185**
企业规模	0.340***	0.380***	0.361***
员工人数	0.166	0.155	0.159
企业年龄	-0.003	0.065	-0.008
农产品	0.473**	0.626***	0.496**
食品加工与肉类	-0.008	0.176	-0.009
啤酒	-0.078	0.020	-0.045
白酒与葡萄酒	-0.226	-0.058	-0.212
适应性柔性		0.210**	
前摄性柔性			0.161*

续表

变量	运营绩效		
	M5	M6	M7
R^2	0.499	0.536	0.523
ΔR^2		0.037**	0.024*
F	8.174***	8.428***	7.989***

注：*表示 $p < 0.1$，**表示 $p < 0.05$，***表示 $p < 0.01$。

接下来再检验柔性在一体化与企业运营绩效中所起的中介作用。表9-3的 Sobel 检验结果显示，适应性柔性以及前摄性柔性对于内部一体化与企业运营绩效关系中所起到的中介作用并不显著，假设 H3a 和 H3c 都没有得到验证。然而，适应性柔性以及前摄性柔性对于外部一体化与企业运营绩效关系中所起到的中介作用是比较显著的（$z = 1.64$，$p < 0.1$；$z = 1.63$，$p < 0.1$），因此假设 H3b 和 H3d 得到了证实。

表9-3　Sobel 检验结果

	Paths	t_a	t_b	Test Statistics	Result
H3a	内部一体化→适应性柔性→流动资产周转率	1.77	2.42	1.43	不支持
H3b	外部一体化→适应性柔性→流动资产周转率	2.22	2.42	1.64*	支持
H3c	内部一体化→前摄性柔性→流动资产周转率	2.74	1.92	1.57	不支持
H3d	外部一体化→前摄性柔性→流动资产周转率	3.06	1.92	1.63*	支持

注：*表示 $p < 0.1$，**表示 $p < 0.05$，***表示 $p < 0.01$。

2. 事后定性分析

比较食品行业的两家抽样公司，分析其供应链战略之间的差异，并进一步解释"供应链整合—供应链柔性—运营绩效"模式的基础机制。A 公司是一家大型食品公司，其中包括生猪屠宰、冷冻肉、冷冻肉和肉类加工作为其主要业务。自 2003 年成立以来，公司一直在整合肉类供应链的关键流程。公司建立在自己的畜牧养殖基地，以及生产和营销的合作组织。B 公司是一家成立于 2002 年的大型葡萄酒公司，公司优先考虑产品质量。因此，该公司认证了各种质量管理和安全控制系统。B 公司拥有自己的啤酒厂和研发中心。通过与经销商合作，B 公司通过超市和其他码头销售葡萄酒。

从信息集成的角度来看，A 公司及时从供应链成员那里获得反馈，并建立了收集和处理信息的机制。它的所有分支机构都有一个营销部门，分为计划部分（向工厂发送订单信息和价格信息到销售终端的所有点），网络管理部分（提供营销政策实施和市场信息），以及市场拓展部分（调查和开发市场以扩大分销网络）。依赖该信息系统的 A 公司可以根据价格波动的预测或进口先进技术调整其猪肉储存和产品结构，并在系统捕获客户的新需求时升级传统的猪肉储存和产品结构，从而提高其分销、产品开发和制造等的柔性。此外，A 公司与标准化研究机构合作，开发了基于 RFID 的食品追溯系统，该系统集成了采购、生产、加工和分销过程的信息。基于该系统，A 公司可以监测繁殖过程并加强疫情期间的疾病预防，从而提高其供应柔性。

相比之下，B 公司强调内部信息整合。例如，在采购过程中，生产部门将首先提高原材料需求，其次供应部门在考虑库存水平后将制订采购计划。在决定采购价格时，供应部门将组织所有相应部门以获取最终价格。生产部门将根据市场部门制订产品需求计划以及下个月的生产计划，然后将这些计划交付给供应和财务部门。由于 2010 年推出的 ERP 系统，所有这些活动中信息传递的质量和效率得到了提高。与 A 公司类似，证据表明 B 公司的制造水平和产品开发柔性很高，加快技术改造和扩大了生产力不足时的存储容量。但是，证据表明公司 A 具有高水平的分配或供应柔性，这是由外部信息整合决定的，是微不足道的。虽然内部信息整合可以在共同创建生产计划方面提高了生产柔性，但对供应链柔性其他方面的影响可以忽略不计。

第十章　农产品供应链整合与质量的关系

第一节　研究意义

近几年，在我国食品行业，质量安全问题引来了社会各界的关注与重视，以"问题牛奶""福喜事件"等为代表的一系列食品质量事件在频繁被爆出的同时，企业的生产发展也面临着巨大的考验。在日常生活中，消费者越来越重视农产品供应链质量的透明信息，而这种透明信息需要现代的追溯方法作支撑。消费者希望能够获得可以充分信任的安全食品，他们要求食品企业提供食品安全保证和诚实的食品信息来建立对食品的信任（Trienekens and Beulens，2001）。当下我国农产品供应链的链网区域断裂，从初级农产品生产、原材料采购到食品制造，再到分销及物流，每个环节都存在食品质量安全问题或隐患（封俊丽，2015）。而除了农产品供应链结构以外，食品监管环境也影响着食品质量安全（程显凯和刘颖，2007），为了完善食品安全监管体制，国家从法律和食品安全标准体系两方面做出了努力。在监管法律方面，国家细化了《食品安全法》的监管内容，加强物流环节立法，并完善相应的行政法规与之配套；在食品安全标准体系方面，国家一直在推进完成食品质量安全标准，食品卫生标准以及食品质量标准的整合，以期解决中国食品安全标准不协调、不统一的问题。

农产品供应链作为农产品安全监管体系中的重要组成部分，是农产品安全影响因素的载体。由于我国农产品供应链上企业成熟度较低，食品安全标准不全，物流基础设施薄弱，加上我国的追溯、召回制度不尽完善，政府监管部门信息不畅，以及农产品安全监管体制不够健全等因素，增加了农产品安全事故的发生率。同时，农产品安全也就成为农产品供应链中每一个参与方共同确保的公共责任，因此，供应链上各环节的综合协调管理是避免各环节质量事故，保障农产品从"农田到餐桌"全程安全的有效途径。因此，在农产品供应链中，提高食品的质量和安全管理对于未来企业的发展和食品消费来讲都将是至关重要的。

通过官方认证，取得质量证书，能够使供应链中各环节对最终产品的信任度提高，特别是认证系统所包含的有关产品生产等方面的记录，能够提高食品供应链的可追溯性（热比娅·吐尔逊、宋华和于亢亢，2016），很多研究表明，有效的可追溯系统与农产品的质量和安全密切相关（Manikas and Manos，2009；Manos and Manikas，2010；Dabbene and Gay，2011）。因此，农业企业的质量认证可以体现其在供应链质量管理方面的水平和能力上。在供应链管理领域，大量的研究表明，供应链整合可以通过各部门间充分准确的信息沟通提高质量管理的水平，完善贯穿于供应链中的可追溯系统，进一步完善质量管理体系（Rosenzweig and Roth，2004；Swink，Narasimhan，and Kim，2005）。但是，这些研究更多的是探讨供应链关系结构对质量管理的直接作用，而两者之间的作用机制仍不清晰。此外，大多数研究也是聚焦在这些主要作用路径上，并没有探讨其适用的环境条件，而在一般供应链管理的研究中，更多地侧重于讨论环境不确定性在一体化与企业绩效关系中的作用上（Wong，Boon - Itt and Wong，2011），以及环境不确定性对企业供应链整合的影响机制（曾敏刚和朱佳，2014），而并没有特别涉及农业、食品领域。

基于交易成本理论，本书认为供应链整合在通过信息沟通降低交易成本的同时，也为农业企业的纵向一体化提供了前提，在此基础上，使得包括设计、生产、服务等环节的可追溯系统更连贯地贯穿于各部门之间，不仅降低了信息不对称带来的负面影响，从而也减少了机会主义行为的风险，完善了质量检测机制，促进了企业的质量管理实践和质量体系的建设。因此，本书将重点讨论在农产品供应链的背景下，纵向一体化在农产品供应链信息整合和质量认证之间的作用机制，并以传统的权变理论作为理论基础，同时论述并检验了环境不确定性的作用，进一步拓宽权变理论在组织战略领域的应用范围。

第二节　理论假设

1. 纵向一体化和供应链信息整合之间的关系

根据交易成本理论，企业采用类市场的治理方式来管理他们的纵向业务范围的能力依赖于资产专有性的水平，也就是对资产或者有价值资源的投入，在特定的关系中无法转移（Williamson，1985）。因此，通常采用纵向的治理形式来规避专有资产投入中产生的机会主义的威胁。在 Cadeaux 和 Ng（2012）的综述中表明纵向一体化既是一种探索价值链中其他层次增值空间的战略，也是控制可能成为独立的渠道成员的活动的战略。这篇文章也强调了以往对于整合的研究更多地强调功能层面的意义，而较少涉及结构层面。因此，为了更好地区分纵向一体化和供应链整合的概念，从企业边界的角度来看，纵向一体化是企业边界内的组织结构，而供应链整合是跨越企业边界的功能性合作。

如前定义，内部信息整合可以通过使用内部组织的信息系统如 ERP 使企业的业务单元之间结合得更加紧密（Kim，2006）。这种整合应用和扩展有价值的组织资产，为纵向业务的协调提供了基础。换句话说，通过对诸如此类的系统的投入，内部信息整合建构了人员和程序的专有性，从而实现了更加整合化的组织（Zaheer and Venkatraman，1994）。而外部信息整合通过对跨组织边界的信息系统进行投入，降低了交易成本（Afuah，2001），因此促使企业在组织边界内涉猎的价值链的阶段更少了。实证结果表明，产业层面和企业层面的信息技术资本是和较低程度的纵向一体化相关联的（Brews and Tucci，2004）。因此，作为一种组织间信息共享平台的外部信息整合会带来更低程度的纵向一体化。由此，我们提出以下假设：

H1：农产品供应链信息整合对纵向一体化有显著的影响。

H1a：农产品供应链内部信息整合对纵向一体化有正向的作用。

H1b：农产品供应链外部信息整合对纵向一体化有负向的作用。

2. 纵向一体化在供应链信息整合和质量认证之间的中介作用

供应链质量管理与最终产品的质量有着密切的联系，是指企业通过利用与供应商和客户的上下游的关系创造机会，并基于系统的方法来提高企业绩效的管理模式（Foster，2006），这种管理方式往往覆盖了整条供应链上的所有活动（Garvin，1996）。而从技术层面上看，供应链质量管理又被定义为涉及供应链渠道所有合作伙伴企业的正式协调、整合的业务流程，其中通过测量、分析和持续改进产品、服务和流程以创造价值和实现市场上中间和最终顾客的满意（Robinson and Malhotra，2005），所以建设整合的质量管理系统也已逐渐成为业界追求的重要目标。而农产品供应链与其他一般供应链的本质性不同在于更重视农产品的质量与安全（Salin，1998）。这也就对质量管理的要求更为严格，而加强质量管理的目标无非有两个：一是保障农产品安全；二是提高农产品质量。为强调在全供应链范围内对农产品质量安全相关信息进行严格收集、分析、记录与传递，各有关机构均做出相关规定。具体而言，CAC（2003）规定了农产品安全的定义，即在农产品储存、食用等过程中确保不会对人们身心造成任何的危害。而国际标准化组织（ISO）也规定了农产品质量监测的官方标准，即农产品满足消费者明确或潜在需要的能力特点和功能（Van Reeuwijk，1998）。私营农产品的质量标准表现出多样化的特征，例如，HACCP、BRC、IFS 等适用于在农产品加工过程中的监测农产品质量上，而 GAP、Global Gap、TESCO、LEAF 等适用于农产品在企业层面生产时的监测标准上（Schuster and Maertens，2013）。

在农产品供应链中，质量安全也受到许多因素的影响。例如，一方面，信息质量和内部成员的相互信任与农产品质量的关联度较高，而战略供应合作伙伴关系的巩固则对农产品安全的影响较大；另一方面，日益完善的可追溯系统能够有效提升农产品安全，从而提高最终客户对安全农产品的购买意愿（Pouliot and Sumner，2008）。另外，也可以通过减少农产品供应链中的信息不对称影响和物流成本来促进农产品质量管理（Engelseth，2009）。研究表明，农产品供应链纵深越长，涉及环节则越多，产地分布越分散，其质量安全风险发生的概率越大（华红娟和常向阳，2011；杨合岭和王彩霞，2010）。因此，一些学者试图通过农产品供应链产业结构的规模化、集约化和标准化来提高农产品安全质量（汪普庆、周德翼和吕志轩，2009）；而有些学者表示，解决信息不对称才是保障农产品供应链质量安全的一个重要条件，例如，杨天和和褚保金（2005）研究了利用信息可追溯系统来实现农产品供应链质量安全控制。具体地，他们认为在较长的农产品供应链中，有效的可追溯系统的利用需要供应链中各部分之间的整合，也就是说，供应商和客户间建立的关系属性将直接影响产品的质量。Engelseth（2009）补充到，在农产品生产的过程中，利用产品可追溯系统的前提是在实践中实现跨部门的互动；同样，Manos 和 Manikas（2010）提出相比于技术支持，可追溯系统的有效利用则更多地决定于供应链内部各部门间的相互协作，由此实现信息的充分共享。显而易见，在农产品供应链中，上下游部门间的整合能够促进农产品质量管理（Kaynak and Hartley，2008）。一些学者也认为可追溯系统这种有效提升农产品质量管理的工具在很大程度上依赖于合作的水平（Manos and Manikas，2010）。在 HACCP 和 ISO 22000 的认证体系中，都强调了可追溯系统的必要性，因此供应链信息整合也为获得这些认证提供了条件。

但是，从交易成本的另一个视角来看，我们可以比较一下不同整合形式之下的治理机制的差异。根据用来预测纵向结构最优形式的效率原则（Robins，1987），如果将上游或者下游的交易纳入一个组织内部，这个组织就有权利忽略交易的条款，从而也减少随之而来的风险（Coase，1937）。正如 Zhou 和 Wan（2017）总结的，纵向一体化可以通过提供交易方所有权，更进一步地监控雇员的行为，通过削弱知识转移和保护专有信息而促进信息共享。因此，纵向一体化作为一种层级的治理结构具有促进内部协调的优势，也可以通过降低监督、沟通、交换成本而有效地提升系统的质量管理水平，获取质量认证的前提条件。

结合前面讨论的供应链信息整合与纵向一体化之间的相关关系，我们可以提出以下假设：

H2：纵向一体化在农产品供应链信息整合和质量认证之间发挥了中介作用。

H2a：纵向一体化在农产品供应链内部信息整合和质量认证之间发挥了中介作用。

H2b：纵向一体化在农产品供应链外部信息整合和质量认证之间发挥了中介作用。

3. 环境不确定性在中介作用中的调节作用

近些年，国内外农产品贸易迅猛发展，环境对农产品供应链的影响也日益受到关注。伴随着"农田到餐桌"的距离日益拉长，在农产品的生产与消费过程中，经常面对着来自社会、经济以及环境保护的种种影响，正因如此，农产品供应链相比于一般供应链，更加需要稳定的内外部环境（Aung and Chang，2014）。而近些年，也有一些学者重点研究了环境不确定性对作为农产品质量安全领域另一关注度较高的问题——食品损坏与腐烂的影响（WRAP，2008），同样充分说明了环境不确定性为农产品质量管理带来了许多困扰。具体而言，在农产品供应链中，不断变化的内外部环境使企业很难预测未来，快速地对变化后的环境做出战略回应，消费者需求、产品生产加工以及竞争的不确定性往往均会影响产品的质量监测（Zhang，Linderman and Schroeder，2012）。

许多研究都表明，企业的质量管理实践与供应链整合会受到所处的内外部环境的影响。具体而言，一方面，国内学者牛建波和赵静（2012）从信息获取角度分析了环境不确定性对企业结构和战略的影响，他们指出当环境不确定性程度越高时，对于企业来说，获取更全面的信息就更加重要。因此，为了通过整体分析，迅速、有效地做出决策，提高绩效，企业首要任务是积极获取足够的信息，最直接的途径则是进行上下游资源的整合，通过提高其一体化程度，使企业迅速掌握市场信息，减少部门间信息传递的时间，提高信息质量，快速响应市场（许德惠、李刚和孙林岩，2012）。另一方面，环境因素作为一个情景变量在企业结构管理和质量管理中起到一定的调节作用，二者均在不同程度上受到环境的影响。同时，基于权变理论的观点，为使企业在行业中保持领先竞争地位，企业应用的战略必须最大限度地与当时所处的环境相"匹配"（Donaldson，2001），为了减小环境不确定性对企业带来的影响，Cole 和 Scott（2000）认为，组织可以通过适当调整战略，使其在所处的环境条件下，与内部结构所匹配，以期实现利润最大化。

在考虑环境不确定性的问题上，有两种相反的态度：有的学者认为企业应该通过与其他部门更加紧密的合作提高整合的程度，从而降低不确定性的影响（Pfeffer and Salancik，1978）；但是还有的学者认为，为了更快地做出对外界环境的反应，企业应该通过降低部门之间的相互依赖性来改善他们的柔性（Heide and Miner，1992）。根据交易成本理论，高环境不确定性带来了交易伙伴之间的信息不对称，也限制了双方的理性决策。这意味着在有限理性的情景下，高环境不确定性增加了机会主义的可能性，因此企业要采取高成本的交易保护措施或者是制定更加详细的合同条款，从而降低了用市场中介交易的效率。因此，作为企业内部层级治理结构的纵向一体化能够改善信息交换的质量，降低不确定环境下的交易成本，进而促进供应链信息整合对质量认证的作用。因此，我们又提出了如下竞争假设：

H3：环境不确定性正向调节了纵向一体化在农产品供应链信息整合和质量认证之间的中介作用。

H3a：环境不确定性正向调节了纵向一体化在农产品供应链内部信息整合和质量认证之间的中介作用。

H3b：环境不确定性正向调节了纵向一体化在农产品供应链外部信息整合和

质量认证之间的中介作用。

综上所述，图 10 - 1 展示了本书的理论框架和研究假设：一是农产品供应链信息整合对纵向一体化的影响；二是纵向一体化对质量认证的影响，也即纵向一体化在供应链信息整合和质量认证之间所发挥的中介作用；三是环境不确定性在这一中介作用上的调节作用。

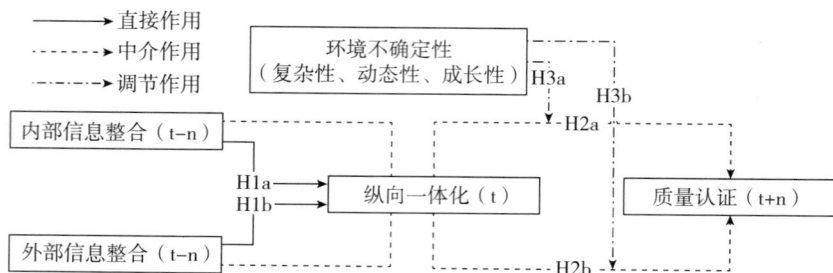

图 10 - 1   理论框架与研究假设

第三节   研究方法

1. 数据来源

由于本书的研究对象是中国 A 股上市的农业、食品企业，因此我们按照 Wind 行业分类标准与证监会行业分类标准，选择了 Wind 日常消费中食品以及农、林、牧、渔业这两大类行业，共计 116 家企业样本，其中酒、饮料及精制茶行业共 40 家，食品制造行业共 15 家，农副食品加工行业共 29 家，农业共 27 家。

介于本书的研究问题，数据来源主要有以下三方面：

首先，在中国国家认证认可监督管理委员（CACN）会官方网站的认证认可业务信息统一查询平台窗口分别检索上述 116 家企业所获得的产品认证信息，包括证书编号、认证项目以及证书有效期等。

其次，通过巨潮资讯以及新浪财经等渠道获得上述 116 家农业、食品上市企业的年报，并在中国投入产出学会（Chinese Input – Output Association）官方网站中获得了子行业上下游的投入—产出数据。

最后，通过 Wind 资讯分别获得各子行业（酒、饮料和精制茶业，食品制造行业，农副食品加工行业以及农业）中各企业的销售收入数据进行统计分析；并在国家统计局官方网站查找各子行业的总销售收入。

2. 变量测量

认证变量的测量：本书将企业获得的质量认证分成产品认证和体系认证，分别作为本书的认证变量。其中，产品质量认证是指用于产品安全、质量、环保等特性评价、监督和管理的有效手段，如有机产品认证和 GAP；而质量体系认证是产品质量符合认证要求和许可产品使用认证标志的法定证明文件，如 HACCP、ISO 22000、ISO 9001 等。一般来说，农产品质量认证证书在生效前 6 ~ 18 个月要进行注册，也即开始生效（Corbett，Montes – Sancho and Kirsch，2005；Lo，Yeung and Cheng，2012），从而许多学者将认证证书正式有效的前 3 年作为研究的起点，并认为接下来的 5 年均作用于绩效（Pagell，2004）。因此，本书将质量认证分成两个阶段：2004 ~ 2010 年有效的认证和 2011 ~ 2018 年有效的认证。前者被用作工具变量（工具变量的有效性检验的结果见后文），后者用来检验纵向一体化对质量认证的影响。之所以设置工具变量是因为在农产品供应链的研究中，很多结果表明应用可追溯系统的质量管理战略也会影响供应链伙伴之间的关系（Banterle，Cereda and Fritz，2013）。对于很多农业企业来说，促进可追溯系统建设的质量认证体系也会导致农产品供应链关系的重组，结果是降低了产品不确定性，同时提高了纵向协调的程度，因此要考虑质量认证的反向作用。

具体编码的步骤如下：首先，通过 CACN 网站，我们获取了 116 家农业企业在 2004 ~ 2018 年有效的认证信息，共计 2820 条数据条目，其中包含了认证号、类别、范围、有效期等信息。在此基础上，我们通过其他信息平台来补充缺失的数据，尽量保证数据的完整性。其次，根据质量认证的类别，我们将这些数据条目划分为产品认证和体系认证。同时，也按照有效期划分为前面提到的两个阶段。再次，通过 Wind 数据库，我们获得了每个企业的主营业务和副营业务的构成，用来区别主营业务认证和副营业务认证。之后再按照两个阶段分别进行编码。最后，我们采用了比较简明的编码方法，如果企业有报告一项认证，那么我们就记为 1，否则记为 0，这样加总就是质量认证的数值。

供应链信息整合的测量：如前所述，本书侧重供应链整合的信息维度，因此供应链整合用两个关于不同信息系统有无的哑变量来进行测度。一个变量测量内部信息整合，即企业内部是否具有类似于 ERP 等的信息系统，若有，则为 1，否则为 0；另一个变量测量外部信息整合，即企业是否有可追溯系统或是销售数据分析系统，若有，则为 1，否则为 0。

纵向一体化变量的测量：本书参考 Ray、Xue 和 Barney（2013）所使用的测度方法，从 116 家农业与食品企业年报中查询各企业的主营业务，以及同时经营的上下游业务，并在中国投入产出学会官方网站上检索查询相应子行业的投入—产出数据，最终对各企业纵向一体化程度做出定量的计算，具体计算方式如下：

首先，从各企业年报中，按照销售收入的高低，确定各企业的主营业务和同时经营的上下游业务。

其次，基于从中国投入产出协会官方网站公布的各子行业投入—产出数据，计算企业在 i 行业的主营业务与在 j 行业的副营业务之间的关联度：

$$V_{ij} = 1/2(a_{ij}/T_j + a_{ji}/T_i)$$
$$V_{ji} = 1/2(a_{ij}/T_i + a_{ji}/T_j)$$

其中，a_{ij} 代表企业在行业 j 中为完成规定的总产量指标，在投入原材料时，所需在行业 i 中的总产量中获取的全部价值（即企业在产业 i 和产业 j 之间的投入—产出）；T_j 则代表行业 j 的总输出量；同理 a_{ji} 和 T_i。

最后，根据前两步骤计算出 V_{ij} 和 V_{ji}，则计算每个企业的一体化程度，根据公式：

$$Vertical\ Integration = W_j V_{ji} + W_i V_{ij}$$

其中，W_i 代表企业主营业务的销售收入占上下游业务总营业额的百分比，W_j 代表企业副营业务的销售收入占上下游业务总营业额的百分比。

环境复杂性的测量：我们利用产业集中度公式（MINL）来测度环境的复杂性。产业集中程度（MINL）的测度类似于 H 指数。首先，我们假设每个子行业中所有企业的市场份额均等，并按照销售收入的高低排列，在每个子行业中，选取销售收入最高的前 8 家企业，并分为 2 个单位进行测度，其中前 4 家销售收入最高的企业为一个单位，销售收入次高的 4 家企业为第二单位。公式如下：

$$MINL = MIN + (a_1 + a_2)^2[(N_i)^2 - 1]^2/(3N_i)$$
$$MIN = \sum_{i=1}^{n}(a_i)^2$$

其中，*MIN* 是赫芬达尔指数的最小值，即 $1/Na_1 =$ 各产业中第一单位的 4 家企业总销售收入/8 家企业总销售收入；$a_2 =$ 各产业中第二单位的 4 家企业总销售收入/8 家企业总销售收入；$N_i =$ 每个单位所包含的企业数（本书为 4 个）。

环境动态性和成长性的测量：本书利用普通回归分析的方法，将 2005～2009 年以及 2010～2014 年各子行业的总销售收入分别视为因变量，时间视为自变量进行普通回归分析，以此来测度成长性和动态性，公式如下：

$$Y_t = b_o + b_1 t + a_1$$

其中，Y_t 表示行业销售年总收入；t 表示年份；a_1 表示残差。

其中，成长性代表在一段时间内某一行业销售收入相对增长或下降的程度。在这里，利用该回归方程中斜率的反对数来测度。动态性代表在一段时间内某一行业销售收入的波动性。因此我们使用该回归方程中斜率的标准误的反对数来测度（Keats and Hitt，1988）。

控制变量的测量：根据相关学者对于农产品质量管理的研究，本书采用的控制变量包括企业规模、企业年龄、第一大股东持股比例、所有制性质。随着企业规模的扩大，企业会越来越倾向于资源重组（Penrose，1959；Miller and Friesen，1984），而中小型企业则经常因为资源的限制而不具备较强的整合管理能力（Vaaland and Heide，2007；Wagner，Fillis and Johansson，2003），因此企业规模无论对纵向一体化战略实施还是对质量认证的获取都会有一定影响。此外，有研究认为组织学习是重复性执行类似任务而形成的技能，当进行经验性学习的时候就会提升这方面的能力（Huber，1991）。因此，与较少经验的企业相比，较多经验的企业学习能力就更强（Yu，Cadeaux and Song，2013），也就是对信息和知识的获取能力更强，从而也会影响到信息的共享，即信息整合。而质量认证也是一种基于知识积累的学习过程，所以也会受到企业年限的影响。最后，第一大股东持股比例和所有制形式都涉及公司治理，前者代表了决策的集中度，后者代表了控制权的归属，在公司治理的研究中通常都作为影响企业战略制定的控制变量（高明华，2013，2017），因此也考虑对本书因变量的影响。本书中，企业规模采用的是企业期末总资产的自然对数；企业所有制性质采用哑变量，1 代表国有企业，0 代表非国有企业；企业年龄采用的是企业的成立时间。

第四节 分析结果

1. 检验供应链信息整合对纵向一体化的影响

为了检验假设，我们首先将内部信息整合和外部信息整合对纵向一体化进行回归，同时控制第一大股东持股比例、所有制属性、总资产对数和企业年龄。如表 10－1 所示，模型 1－1 是基础模型，表明了所有控制变量对纵向一体化的影响；模型 1－2 考虑的是内部信息整合和外部信息整合对纵向一体化的影响；模型 1－3 控制了 2004～2010 年有效的系统认证和产品认证的影响，也即早期的企业质量认证对纵向一体化的影响。结果表明模型 1－3 的拟合最优（F＝2.422，p＜0.05；$\Delta R^2 = 0.079$，p＜0.01）。

根据模型 1－3，内部信息整合对纵向一体化有显著的正向影响（β＝1.061，p＜0.01），而外部信息整合对纵向一体化有显著的负向影响（β＝－0.802，p＜0.05）。因此，H1a 和 H1b 都得到了验证。此外，控制变量的影响并不显著。因为早期 2004～2010 年有效的系统认证也对纵向一体化有显著的正向影响，所以我们将它考虑为一个工具变量，同时采用二阶段（2SLS）回归来检验纵向一体化对后期 2011～2018 年有效的质量认证的影响。

表 10－1 检验供应链信息整合对纵向一体化影响的回归结果

因变量	纵向一体化		
自变量	M1－1	M1－2	M1－3
常数项	－2.638***	－2.628**	－2.994***
	(0.880)	(0.865)	(0.848)
第一大股东持股比例	0.011	0.011	0.011
	(0.009)	(0.009)	(0.009)
所有制性质	－0.003	－0.069	－0.236
	(0.295)	(0.293)	(0.290)
ln（总资产）	－0.027	－0.030	－0.029
	(0.036)	(0.035)	(0.035)
企业年龄	0.006	－0.008	－0.019
	(0.036)	(0.036)	(0.035)

续表

因变量	纵向一体化		
自变量	M1 – 1	M1 – 2	M1 – 3
内部信息整合		1.029 *	1.061 **
		(0.411)	(0.400)
外部信息整合		– 0.538	– 0.802 *
		(0.377)	(0.373)
体系认证			0.096 **
(2004 ~ 2010 年)			(0.033)
产品认证			0.159
(2004 ~ 2010 年)			(0.172)
N	116	116	116
R²	0.013	0.075	0.153
ΔR²	0.018	0.057 *	0.079 **
F	0.498	1.465	2.422

注：第一行为回归系数，括号内为标准误；＊表示 p < 0.05，＊＊表示 p < 0.01，＊＊＊表示 p < 0.001。

2. 检验纵向一体化的中介作用

之后我们采用二阶段回归来检验纵向一体化对后期 2011 ~ 2018 年有效的质量认证的影响。内生性检验拒绝了变量为外生的原假设，表明采用了工具变量。第一阶段的回归结果表明早期 2004 ~ 2010 年有效的系统认证对纵向一体化有显著的影响，而且工具变量是弱工具变量的原假设也被拒绝了，因此，这是一个合适的工具变量。

如表 10 – 2 所示，模型 2 – 1 是考虑工具变量的二阶段回归第一阶段的回归结果，模型 2 – 2 是第二阶段的回归结果。结果表明，纵向一体化对后期有效的系统认证有显著的正向影响（β = 11.116，p < 0.01）。但是，无论是内部信息整合还是外部信息整合对系统认证的影响显著度都降低了。因此，H2a 和 H2b 得到了支持。虽然设置了控制变量，但是其影响并不显著。

表 10 – 2　检验对后期 2011 ~ 2018 年有效的质量认证的影响的二阶段回归的结果

因变量	纵向一体化	系统认证（2011 ~ 2018 年）
	第一阶段	第二阶段
自变量	M2 – 1	M2 – 2
常数项	– 3.036 ***	48.925 ***
	(– 0.846)	(15.311)

续表

因变量	纵向一体化	系统认证（2011~2018 年）
	第一阶段	第二阶段
第一大股东持股比例	0.011	−0.149
	（−0.009）	（0.122）
所有制性质	−0.257	2.998
	（−0.289）	（3.597）
ln（总资产）	−0.024	0.082
	（−0.034）	（0.451）
企业年龄	−0.018	0.04
	（−0.035）	（0.441）
内部信息整合	1.103**	−10.942+
	（−0.398）	（6.639）
外部信息整合	−0.775*	11.098*
	（−0.372）	（5.137）
系统认证（2004~2010 年）	0.098**	
	（−0.033）	
纵向一体化		11.116**
		（−4.206）
N	116	116
R^2	0.146	
F	2.65	
Wald chi^2（7）		9.31

注：第一行为回归系数，括号内为标准误；* 表示 $p < 0.05$，** 表示 $p < 0.01$，*** 表示 $p < 0.001$。

3. 检验环境不确定性的调节作用

为了检验关于环境不确定性的调节作用的假设，我们根据环境不确定性的水平将样本分组。首先，我们计算了成长性、波动性、复杂性的均值；其次将样本按照平均值分组。例如，如果成长性的值高于其均值，那么分组变量为 1，而当低于其均值的时候，分组变量为 0。

如表 10−3 所示，模型 3−1 到模型 3−6 是比较对质量认证的分组结果。首先，对成长性分组的邹检验表明两组之间有显著的差异（F = 5.015，p <
0.001）。因此，在高成长性的环境中，纵向一体化在供应链整合和质量认证之间的中介作用更强（β = 10.945，p < 0.05）。其次，对波动性的邹检验表明两组之间没有显著的差异（F = -7.386，ns.）。最后，根据邹检验的结果，复杂性的分组是有显著区别的。具体而言，在高复杂性的环境中，纵向一体化在供应链整合和质量认证之间的中介作用更强（β = 10.404，p < 0.05）。综上所述，除了动态性，H3a 和 H3b 中的其他两个维度都得到了支持。这意味着在不断成长的复杂环境里，纵向一体化的中介作用更强。

表 10 - 3　比较对后期 2011 ~ 2018 年有效的质量认证的二阶段回归的分组结果

因变量	系统认证（2011 ~ 2018 年）					
	成长性（分组）		波动性（分组）		复杂性（分组）	
	分组变量 = 1	分组变量 = 0	分组变量 = 1	分组变量 = 0	分组变量 = 1	分组变量 = 0
自变量	M3 - 1	M3 - 2	M3 - 3	M3 - 4	M3 - 5	M3 - 6
常数项常数项	54.748*	24.953*	75.385	27.132	34.586+	17.462
	(-24.925)	(-9.932)	(-53.456)	(-20.241)	(-17.878)	(-26.96)
大股东持股比例	-0.204	-0.08	-0.427	-0.015	-0.118	-0.209
	(-0.166)	(-0.116)	(-0.398)	(-0.117)	(-0.133)	(-0.17)
所有制性质	3.696	-0.426	0.446	2.546	4.656	-4.984
	(-4.859)	(-3.49)	(-8.343)	(-3.613)	(-4.087)	(-4.77)
ln（总资产）	0.642	0.192	0.5	0.807	1.127	1.218
	(-0.932)	(-0.437)	(-1.029)	(-1.129)	(-0.856)	(-1.505)
企业年龄	-0.693	0.369	0.699	-0.433	-0.125	-0.104
	(-0.66)	(-0.46)	(-1.204)	(-0.478)	(-0.498)	(-0.555)
内部信息整合	-9.346	-2.831	-23.919	-2.349	-8.677	-2.922
	(-8.43)	(-5.876)	(-22.475)	(-4.896)	(-6.893)	(-9.371)
外部信息整合	12.952+	2.917	12.918	10.413	10.929+	2.564
	(-6.622)	(-5.391)	(-11.181)	(-6.288)	(-5.728)	(-8.885)
纵向一体化	10.945*	6.088+	21.644	5.328	10.404*	6.648+
	(-4.851)	(-3.769)	(-18.237)	(-2.362)	(-4.489)	(-3.889)
N	72	44	72	44	89	27
Wald chi^2 (7)	7.56	5.54	2.06	8.2	7.8	5.52
Root MSE	19.401	11.017	33.922	10.579	18.09	11.327
Chow test	5.015***		-7.386		4.720**	

注：第一行为回归系数，括号内为标准误；+ 表示 p < 0.1，* 表示 p < 0.05，** 表示 p < 0.01，*** 表示 p < 0.001。

第十一章　农产品供应链整合与创新的关系

第一节　研究意义

党的十八大以来，中央高度重视供应链实践的发展，多次在会议和文件中提出要拉动供应链合作创新，促进完整的产业供应链的形成。2017 年 10 月，我国《关于积极推进供应链创新与应用的指导意见》出台，中央政府大力推进供应链创新与应用有关工作，提升我国供应链的协作能力与创新水平，此文件标志着供应链创新首次通过国家意志走入公众视野。在党的十九大报告中习近平总书记又明确提出要在现代供应链领域培育新的增长点，形成新动能，建设现代化经济体系。这一明确信号将持续推进我国现代供应链合作创新与实践步入全新的发展阶段，并为后续具体政策的落地提供有力支撑。

学术界对于创新的研究由来已久，最早记载于熊彼特的早期作品中。他认为创新是开发新产品、变革生产方法、拓展新市场、运用新原料，以及发展新的组织架构（Schumpeter and Nichol，1934）。熊彼特的经典定义对最早的供应链相关研究视角产生了重大影响，早期学者基本是通过生产技术、原材料和组织结构进行研究的（Arlbjørn，Freytag and Haas，2011）。创新的内涵不仅关乎一个新兴产品的商业化过程，还包括一个组织的自我进化、自我更迭过程（Tidd，2009）。参与创新的公司需要建立一个过程来方便它们将想法转化为产品和服务。Baumol（2002）认为，企业创新是将新想法转化为产品和服务的过程，"认知到存在利益的新机会，并且持续把握机会直到付诸实践"。他的定义与供应链管理不谋而合，因为其都是通过满足终端用户的需求来实现商业价值的。

供应链创新是发生在企业本身或产业之内的生产技术、供销模式或产业结构的某种变化，且能使部分或全部产业链中的参与主体受益。更具体而言，供应链创新是建立在上中下游全产业链和市场需求的基础上，优化企业间的合作模式，扩展合作内容，促进供应链条高度整合，提升顾客满意度和企业价值，实现共赢。供应链创新对于企业绩效的总体影响已经有较多文献进行过研究。例如，Simatupang 和 Sridharan（2002）研究发现，供应链上主体间相互合作，能够提高供应链效率，从而带动整体的利润水平。Singh 和 Mithchell（2005）也认为，企业伙伴间协作创新，能够有效降低支出成本，获取规模效应，同时降低行业中不必要的内部消耗。S. M. Lee、D. H. Lee 和 Schniederjans（2011）认为，供应链合作创新有利于企业产品和服务的更新和优化，使企业能够在市场中保持盈利地位，从而帮助企业在最优水平上保持绩效。

动态能力理论认为，动态能力是主动适应快速变化的周围环境，开发和协调内外部资源，从而保持自身竞争力的一种能力（Bercovitz，de Figueiredo and Teece，1997）。动态能力可以为企业创造竞争优势，因为它具备对于周边动态环境的快速适应能力（Ponomarov and Holcomb，2009）。Gligor 和 Holcomb（2009）认为，供应链创新是动态能力的一种明显体现，而且是层级更高的能力，能助力企业应对市场不确定性，合理配置资源，与合作伙伴即产业链上下游的客户与供应商实现共赢（杨连盛、朱英昳和吕慧君，2014）。但是，与不同的合作对象进行联合创新时，合作效亟和智力资源的互补性都会存在较大差异，因而创新绩效也不尽相同。例如，Ahuja（2000）基于美国化学工业相关企业，发现以专利数量作为考量的创新产出受到企业间的正式合作数目的正向影响，同时还发现，纵向合作创新相比横向合作关系对企业绩效的影响更强。Miotti 和 Sachwald（2003）通过实证发现，与上游客户和下游客户的纵向合作创新对创新绩效有显著正向影响，而与横向竞争者的合作一方面占比很少，另一方面也对绩效存在不显著的负向影响。而且行业竞争性越弱，与竞争者的合作越少。Nieto 和 Santamaria（2007）同样证实了企业与供应商、分销商的合作能够明显有助于现有产品和服务的改良，但基本不会导致变革性的创新，而横向合作不仅对渐进性的创新影响不大，更对变革性的创新存在不利影响。

为了深入探讨供应链创新对企业绩效的影响，本书对比了独立创新、合作创新和供应链创新对企业绩效的不同影响，同时针对供应链创新的不同流程按照上游、中游、下游的创新区分对绩效的影响，最后还考虑了企业纵向整合程度和供应链效率的调节作用。运用农业上市公司的二手数据验证假设，为农业企业提升供应链协同水平，加强供应链创新合作，提高生产效率与抗风险能力提供了启示。

第二节　研究假设

1. 供应链创新的合作维度对企业绩效的影响

参与供应链创新的合作企业包括供应链上的外部合作伙伴以及涉及供应链业务的内部子公司。Samaddar 和 Kadiyala（2006）对于供应链合作创新的阐释为：供应链上下游的合作是以最终获取战略和财务利益为目的的，且这个过程必须经历知识的共享和创造阶段。这也说明与供应链合作伙伴一起创新，企业可以获得价值利益提升。可以说，供应链创新是为整合企业彼此之间的合作关系，使其成为具有竞争力的供应链并建立相应的创新机制，如信息共享、收益分配、风险分担等，在创新协同指引下，相互信任、彼此合作，实现供应链绩效最大化。例如，有关汽车供应链的研究发现中下游企业可以通过和上游生产企业的技术创新共享而获得绩效提升（Kotabe and Domoto，2003）。不同企业串联起来紧密协作、优势互补，能降低企业由于信息不对称所造成的成本。Kim 和 Shin（2016）通过对韩国 206 家生物技术公司的研发创新分析发现，与横向合作相比，同上下游企业纵向合作创新对企业绩效有更显著的积极影响。上下游企业间密切合作，能够有效提升专利的应用范围与实用性，由此实现整个产业链的价值最大化。Elking（2016）利用档案数据和专利信息研究上游企业创新对供应链下游企业绩效的积极影响，结果发现当上下游公司在技术上更相似或者上游供应商对下游企业资金依赖度更高时，上游创新对下游企业的创新绩效影响更大。此外，与涉及供应链业务的子公司合作创新，虽然不能形成产业链上的协同效应，但由于核心企业在研究中发挥主导作用，整个创新过程仍然能够高效完成，对企业绩效同样具有正向作用。

由此，本书提出假设：

H1：供应链创新的合作维度对企业绩效具有正向的作用。

H1a：与供应链上的外部企业合作创新对企业绩效具有正向的作用。

H1b：与涉及供应链业务的子公司合作创新对企业绩效具有正向的作用。

从交易成本理论出发，企业选择外部合作伙伴还是依靠内部组织，也会影响到组织的交易成本（Williamson，1998）。在供应链创新中，当核心企业寻求外部企业合作的时候，要通过规制合约等来约束交易伙伴，减少机会主义的可能性，从而增加了交易成本。相反，如果通过涉及供应链业务的子公司合作来实现创新，交易成本会降低，控制力会增强。企业纵向整合的目的并非依靠内部组织代替市场，但客观上其丰富多样的整合模式既可降低组织交易成本，又可实现规模经济，还能避免因组织僵化导致的组织费用增加。因此，当企业纵向整合程度不同的时候，也会影响到供应链创新不同合作形式对企业绩效的促进作用。Avenel和 Barlet（2000）认为，企业厂商参与超过一个的连续生产环节，或参与了产品与服务的分配环节就可以被定义为纵向整合。国内学者田青（2006）认为，纵向整合是企业通过兼并重组与联合，为建立产业链优势而为消费者提供全程的产品和服务。可见纵向整合在应对当今不断变化的竞争合作现状和经济环境时，可以提高企业对战略市场环境变化的适应能力。一些学者将"吸收能力"的概念和供应链合作结合起来，结果发现供应链上下游之间的伙伴企业可以通过知识创新共享来促进彼此的创造能力，最终在供应链产出中体现出来（Malhotra，Gosain and Sawy，2005）。企业纵向整合程度高，说明企业内部产业链条完备、协同效率高，在此情况下外部的供应链上企业间合作的重要性相对下降，合作成果与实际意义也会相应降低，因此纵向整合的调节作用反而为消极。与涉及供应链业务的子公司合作研发与企业绩效已假设为正向关系，若企业纵向整合程度高，并不会直接作用于企业与非供应链子公司的合作，但可以说明企业整体的经营水平与生产效率较高，因而与子公司的合作创新很可能更加有效，因此纵向整合的调节作用为积极。

由此，本书提出假设：

H2：纵向整合在供应链创新的合作维度与企业绩效的关系中发挥调节作用。

H2a：纵向整合在与供应链上的外部企业合作创新和企业绩效的关系中起消极的调节作用。

H2b：纵向整合在与涉及供应链业务的子公司合作创新的关系中起积极的调节作用。

2. 供应链创新的流程维度对企业绩效的影响

学者们普遍将供应链流程分为上游、中游、下游三个具体环节。例如，Christopher（1994）对供应链的定义为"涉及将服务与产品提供给最终消费者的过程和活动的上游、中游、下游企业组织所构成的网络"。Chopra 和 Meindl（2002）指出供应链是各阶段间信息、产品及资金流动的动态链，或视为由一连串的上游供应商和下游的客户所形成的相互链接的环。如前所述，供应链通过加强与本级供应链间的企业合作，或者加强与其他层级供应链企业的合作，对企业的创新能力提高有显著效果，并且能够在增加收益的情形下，降低企业风险（Esty and Porter，1998）。而供应链流程又分为上游、中游与下游，这三类流程创新对企业绩效均具有正向作用。具体而言，上游流程主要是指原料的制备与供应，通过创新降低原材料生产成本，应当也能够提升企业绩效。Yenipazarli（2017）发现，企业在供应链上游进行生态友好方面的创新投入有助于其降低生产成本，同时提高了单位产品的环境友好性，并最终反映在市场需求的提升和绩效的提升上。供应链中游流程直接对应生产环节，而产品质量影响顾客满意，对企业绩效具有绝对意义。下游流程主要为包装、配送、物流等环节，增强创新能力以提升下游效率时，能够有效地提升产品吸引力，缩短供应周期，节约物流成本。Marsili 和 Salter（2006）对荷兰 2000 余家公司的一项研究结果显示，以经费支出作为衡量指标，供应链中下游设计创新对企业创新绩效的影响是积极显著的。因此供应链下游流程创新也对企业绩效具有正向作用。

由此，本书提出假设：

H3：供应链创新的流程维度对企业绩效具有正向的作用。

H3a：上游流程创新对企业绩效具有正向的作用。

H3b：中游流程创新对企业绩效具有正向的作用。

H3c：下游流程创新对企业绩效具有正向的作用。

供应链效率是指在给定的企业或行业的供应链中，物料有效流动的程度（Modi and Mabert，2010），与供应链的上游、中游、下游流程中的物资流动直接相关。供应链效率是供应链运作中在降低运营成本、提升消费者满意度以及提高供应链整合度等方面的实现程度，也可以说是供应链竞争力的客观表现。Underhill（1996）认为，供应链合作对供应链效率和企业绩效的提升意义重大，而且供应链企业需要不断完善相互间的合作关系，最终能够使各方受益。Sanchez（2005）以美国汽车供应商为例，通过实证研究检验了供应链效率对企业绩效的影响，指出与下游客户和上游供应商之间的供应链效率非常重要，同时也认为环境易变性、高技术难度以及供应链企业的价值互通有利于供应链效率的提升。Prajogo 和 Olhager（2012）基于 261 家澳大利亚企业的数据研究发现，企业间的长期合作关系、信息技术水平和信息共享程度以及物流整合能力是影响供应链效率和企业绩效的关键因素。因此，一个有效的供应链的特点是紧密的沟通和频繁的信息共享，无论是在公司内部还是在其边界，供应链效率的作用是减少给定供应链中各参与者之间的信息不对称。Wiengarten 等（2010）在对供应链信息共享质量的研究中发现，供应链效率可以促使高质量信息共享对绩效产生更积极的作用。当企业具有较高的供应链效率，意味着企业运作成本低，物流效率高，上下游之间信息共享的水平较高。当企业供应链上下游流程创新如果建立在运作高效的供应链条基础上，能够进一步扩大创新的正向影响；而当企业所处的供应链效率很低的时候，上下游之间信息不对称的程度很高，沟通障碍增加，不利于流程创新背后合作机制的发挥，最终也不利于创新绩效的实现。

由此，提出如下假设：

H4：供应链效率在供应链创新的流程维度与企业绩效的关系中发挥调节作用。

H4a：供应链效率在上游流程创新和企业绩效的关系中起积极的调节作用。

H4b：供应链效率在中游流程创新和企业绩效的关系中起积极的调节作用。

H4c：供应链效率在下游流程创新和企业绩效的关系中起积极的调节作用。

第三节　研究方法

1. 样本选择

农业在国民经济中具有基础性地位，农业上市公司作为农业领域先进生产力的代表，应当成为我国农业向现代化和产业化转型的龙头。然而，我国农业上市公司数量较少，收入规模和利润率偏低，抗风险能力差，综合表现与其应有地位不相符。究其原因，一方面，农业上市公司具有弱质性的特点，面临自然和市场双重风险；另一方面，午多研究认为农业上市公司普遍存在供应链条薄弱，创新能力不足等问题，限制了其盈利能力和企业价值的提升。因此，本书的研究对象选择具备 2007～2017 年 11 年间相关年度数据的中国沪深两市上市的农业企业。按照 Wind 行业分类标准并参照证监会行业分类标准，选择了 Wind 一级行业分类中的农林牧渔板块相关上市公司，并按照以下标准对样本进行进一步选择：

（1）筛除曾连续 3 年亏损的企业。此类公司通常为交易所认定的 * ST（Special Treatment）公司，面临退市预警。一般来说这类企业的财务状况和其他状况很可能存在非正常情况，对其生产经营存在异常干扰，需排除此类企业对本书结果的扰动。

（2）筛除 2010 年及以后上市的公司。本书的财务数据计划来源于企业年度报告或企业上市前曾向投资者发布的招股说明书，这些数据均经过专业机构审计，其权威性和准确性较强。企业招股说明书会公布上市当年及前两年的相关财务数据，因此我们筛除 2010 年及以后上市的公司，确保 2007～2009 年的数据来源精准。

（3）筛除无专利信息的公司。存在部分上市公司，我们无法在国家专利局网站及企查查网站查询到其专利信息。由于无法判断这种情况是由于信息缺失造成的，抑或公司本身确实从未被授予专利，因此决定将所有此类样本剔除，以避免可能由信息缺失造成的不准确性。

（4）筛除期间内主营业务所在行业发生重大变化的公司。因为本书研究的是农业类上市公司，若样本公司行业类型发生变更，则偏离了本书的研究范围，对研究结果造成影响。

最终样本来自 92 家中国农业行业上市企业，其中酒类、乳品、软饮料和茶类企业 29 家、食品生产及加工企业 44 家、其他农业企业 19 家。

2. 数据来源

本书数据来自官方公开的二手信息，相对于问卷调查数据，二手信息数据有其自身优势。首先，许多专家学者都认为官方网站公开查询得到的信息具有更强的完整性和代表性（Manikas and Manos，2009），而通过问卷收集的信息主观性较高且无法保证其精确度及完整性；其次，对于投资者来说，了解企业公开信息最重要的选择就是企业年报，这也是最能影响他们做出投资决策的因素，因此企业年报中的信息是最为全面的和准确的，这将为本书计算纵向整合和供应链效率这两个变量提供有说服力的数据。

本书为了编制样本企业从 2007～2017 年 11 年间的面板数据集，整合了多个来源的信息。第一，是企业的经营绩效，通过企业二手财务数据衡量测度。收集途径主要是企业年报、招股说明书和 Wind 资讯库，而 Wind 资讯库的二手数据本身也取自企业年报。我们利用 Wind 对研究样本企业 2007～2017 年的基本经营数据（如存货周转率）和财务数据（如总资产和年度收入）进行了汇总。第二，为控制变量，包括企业规模、企业年龄、第一股东比例和企业性质（所有制），通过下载企业年报并自行搜索整理得到。以上提到的企业年报均通过证监会指定的信息披露网站巨潮资讯和提供财务报告的国泰安 CSMAR 数据库获取。第三，为研究所需的企业纵向整合信息，通过中国投入产出学会（Chinese Input – Output Association）官方网站收集样本企业上下游产业的投入—产出数据。第四，是本书的核心企业专利信息，收集方法是登录国家专利局网站和企查查网站对相关企业进行检索，手动记录和整理检索结果，并最终根据统一标准，对专利信息进行分类编码，得到本书所需的专利面板数据。本书共获取各企业 11 年间的专利授权信息共 12316 条，具体的编码过程如下：

根据文献综述，将每项专利在专利合作类型和专利领域（上游、中游、下游）两维度进行编码。编码前首先要进行信度检验，因为如果编码过程仅由一个编码人员完成的话很可能存在主观性偏差。当两个及以上编码员独自编码，且结果具有较高一致度时，编码结果才是客观的。计算一致性指标最多的是 Holsti 公式，即计算编码员彼此之间的相互同意度，本书即采取 Holsti 公式计算编码信度。本书编码过程由两个编码员共同完成，分类方法经过文献收集及充分讨论达成一致意见，并在开始正式编码工作之前由两人先行各自编码了 2000 条专利信息。两位编码员一致同意的编码数为 1873 个，因此计算出两组编码员的相互同意度为 0.9365（一般认为信度大于 0.8 即为合格），表明编码结果是可信的，可以对全部的 12316 个样本进行编码。在进行信度检验后，对出现的有分歧的极少编码进行独立分析，讨论后达成一致结论。

3. 变量测量

（1）因变量。本书以企业财务绩效作为因变量。一般主要衡量企业财务绩效的指标有主营业务收入、主营业务利润、托宾 Q 值、净资产收益率等。其中托宾 Q 值为资产的市场价值与其重置价值之比，由于我国资本市场不够完善，在证券市场上获得的数据有时不能很好地反映企业实际市场价值。考虑到专利成果作用于企业绩效将会有一定的滞后性，本书采用滞后一年主营业务收入衡量企业财务绩效。

（2）自变量。衡量企业的创新能力和创新投入有很多指标，而将研发专利情况作为企业创新能力的代表，已经是国内外学界的通用做法。测量创新的常用指标包括专利授权、论文发表、R&D（研究和开发）投入、科技人员、新产品情况等，但专利是当前最受认可和最广泛使用的创新测量指标（赵彦云和刘思明，2011），并且在之前学者的众多实证研究中，其稳健性和有效性得到了充分验证（Acs，Anselin and Varga，2002；Hagedoorn and Cloodt，2003；纪玉俊和李超，2015）。甚至在很多研究中专利被用作创新的唯一的指标（Ahuja and Katila；刘军，2010；Belderbos，Carree and Lokshin，2015；Miguélez and Moreno，2015）。由于专利的易获得性、客观性以及权威性的特点，本书也选取了专利授权数量这一常见指标作为研究企业相关创新情况的主要视角。

按照供应链创新的合作维度，本书将专利类型划分为与供应链企业合作专利，与涉及供应链业务的子公司合作专利，而其他类型如独立研发专利、与智库合作专利、与母公司合作专利均不属于供应链创新的范畴，因此仅作为控制变量。在分类的讨论中我们充分考虑了研究的需要与样本实际，过程如下：首先在12316条授权专利中，独立研发专利占据了绝大部分，且没有进一步区分的余地，需作为一个大类划分。其余为合作研发专利，即专利申请人除本公司外还存在其他主体。其他主体除其他企业外还包括高校、科研单位等非营利性智库，由于其特殊性质，我们将与智库的合作专利提取出来单独研究。在与企业的合作研发专利中，根据研究内容，分类的参照主要有两个，即与本企业的供应链条关系和与本企业的所属关系。本企业的供应链条关系分为供应链内企业和供应链外企业。企业的所属关系分为企业母公司、企业子公司和其他公司（非子、母公司）。由于母公司业务范围较广，且往往包含本企业业务，无法做是否处于企业供应链条内的讨论，需要单独划分。而本书的核心是供应链创新，因此将所有处于供应链条内的企业均划为一大类。接着对非供应链内的企业再进行企业性质的划分，分为涉及供应链业务的子公司和供应链外其他公司（非子公司）。

企业专利还可以从业务角度一般分为主营业务专利和多元化业务专利，而在主营业务内根据供应链所属流程阶段，以产品作参照分为上游、中游和下游。根据上述讨论，本书将专利领域具体划分为四部分，分别为产品上游专利、产品中游专利、产品下游专利和多元化业务专利。每个专利只可能被编码到一种专利领域。具体地，产品上游专利是指企业主营业务中产品生产原料制备，及一些基础性工作中的相关专利，具体包括：原料制备、原料质量检测、生产环境改善、基础性实验等；产品中游是指企业主营业务内产品主体生产过程的相关专利；产品下游专利是指产品主体生产完成后续环节的相关专利，具体包括：产品包装、产品标签、产品防伪、产品宣传、物流配送、产品质量检测、生产废料处理等；多元化业务专利指企业主营业务以外其他业务的所有专利。

（3）调节变量。本书借鉴 Rεγ、Xue 和 Barney（2013）的计算方法来评估样本公司的纵向整合程度。数据具体有两个来源：各公司年度报告和中国投入产出学会网站。首先确定该公司销售额最高的业务为主营业务，以及年报中的第二大业务。其次根据中国投入产出学会（Input‐Output Association）的数据，计算该公司第二大业务 j 部分与主营业务 i 部分的垂直相关系数 V_{ij} 和 V_{ji}，具体公式为：

$$V_{ij} = 1/2 \ (a_{ij}/T_j + a_{ji}/T_i) \ ; \ V_{ji} = 1/2 \ (a_{ij}/T_i + a_{ji}/T_j)$$

其中，a_{ij} 代表使业务 j 获得总产出所需的业务 i 的美元价值产出，T_i 为 i 业务的总产出，a_{ji} 和 T_j 同理。

最后利用该过程前两步的结果计算出 V_{ij} 和 V_{ji}，然后利用公式对各企业的纵向整合进行测量：

$$VI = W_i V_{ij} + W_j V_{ji}$$

其中，W_i 为主营业务销售额占总销售额的比例，W_j 为第二大业务销售额占总销售额的比例。

根据 Modi 和 Mabert 的研究，高效供应链管理体现在企业物资快速甚至均匀流动的两个维度上，而企业的供应链效率指的是保持物资的快速流动。由于供应链的能动性会直接影响企业的厍存，所以库存是衡量企业供应链效率的极好指标。本书利用存货周转率，即一个公司在给定时期内出售和替换存货的次数比率，作为供应链效率的衡量指标。具体来说，本书中计算供应链效率的公式为：

周转率 = 销货成本/平均库存

日库存 = 365/周转率

其中销货成本（COGS）表示本书对公司货物和服务的生产成本的计算。

（4）控制变量。影响企业绩效的因素众多，主要包括企业内外部经营环境等多个方面。本书利用以往的研究成果，采用企业规模、企业年龄、第一股东比例和所有制作为控制变量。具体来说，企业规模表示该公司 2007～2017 年的资产规模，虽然人员规模（员工总数衡量）也算作企业规模之内，也有研究将人均资本密度作为控制变量（李梦媛，2015），但本书在控制企业资产规模后相应的人均资本也会得到控制，所以并没有将该变量加入到模型内；企业年龄是指企业从成立之年到 2017 年的总运营时间，不同经营年限的企业处于不同的发展阶段中，其对于创新申请专利的动力也相应不同。初创阶段的企业规模相对较小，为了抢占市场份额，他们对于创新的动力会更加充足，但同时也会受限制于规模本身。对于成立时间长更为成熟的企业来说，进行创新专利研发的实力更为充足，但也会受限制于企业发展过程中的其他资金需求。第一大股东占比是指给定公司中第一大股东的持股比例，股权结构和股权的分散性会影响企业绩效，因此本书将第一大股东占比也作为控制变量进行控制。所有制即企业属性，是虚拟变量，以往研究中普遍发现相对于非国有企业而言，国有企业效率相对更低，创新和专利研发动力相对不足。本书采用国泰安数据库中的企业性质字段，值为 1 代表国有企业，值为 0 代表非国有企业。

此外如前所述，还控制了以下几类供应链创新的合作形式。独立研发专利是企业专利研发的主体部分，占到了本书样本总量的大约 90%，所以其对企业绩效的影响应当与全部专利基本一致。独立研发在早期研究中被认为是企业通过自身努力进行生产技术突破并在此基础上获取利润的创新活动（傅家骥，1998）。其主要特征之一就是体现在企业是否主导整个研发过程并且可以拥有最终的收益权（宋河发、穆荣平和任中保，2006）。独立研发由于不涉及外部企业或单位，成果更具针对性，能够比较好地适应企业发展需求，同时更易控制研发成本，投入产出比相对较高。与智库合作研发则是目前被广泛倡导的一种形式，高校和科研单位因其具备的较高知识水平和专业性，能够与企业形成良好互补，企业可以在获得相关领域先进技术知识的同时为高校提供一定的科研经费支持。同时智库的创新能够站在更加独立、客观的角度，为企业自身发展提供新鲜视角。

经过整理后，本书所有变量的含义如表 11 – 1 所示。

表 11 – 1　变量说明

	变量符号	变量名称	变量定义
因变量	income	企业绩效	滞后一年主营业务收入（百万元/年）
自变量	Prod_ up	产品上游专利数	当年公开日期产品上游专利数（个）
	Prod_ mid	产品中游专利数	当年公开日期产品中游专利数（个）
	Prod_ down	产品下游专利数	当年公开日期产品下游专利数（个）
	Corp_ channel	与供应链企业合作研发专利数	当年公开日期与供应链上中下游公司合作研发专利数（个）
	Corp_ branch	与涉及供应链业务的子公司合作研发专利数	当年公开日期与供应链以外公司合作研发专利数（个）

	变量符号	变量名称	变量定义
调节变量	integration	纵向整合	企业纵向整合程度，公式计算
	inventory	供应链效率	企业供应链效率，公式计算
控制变量	size	企业规模	当年资产规模（百万元/年）
	age	企业年龄	企业从成立之年到2017年的总经营时间（年）
	ownership	所有制	值为1代表国有企业，值为0代表非国有企业
	shareholder	第一股东比例	公司中第一大股东的持股比例（%）
	Corp_ univer	与智库合作研发专利数	当年公开日期与智库机构合作研发专利数（个）
	Corp_ head	与母公司合作研发专利数	当年公开日期与母公司合作研发专利数（个）
	Corp_ others	与供应链外其他企业合作研发专利数	当年公开日期与其他类型企业合作研发专利数（个）
	Independent	独立研发专利数	独立研发专利数（个）
	Prod_ divers	多元化业务专利数	当年公开日期多元化业务专利数（个）

第四节　研究结果

本书数据的特点符合短面板数据的特点，而短面板数据通常采用个体效应模型，这样既可以关注样本个体间的共性，也可以包含个体之间无法观测到或研究所遗漏的异质性。同时本书变量中包含不随时间变化的所有制为控制变量，所以随机效应模型应更加适合。为了使模型选择结果更加严谨，首先对两个基本模型进行 LM 统计量检验，结果随机效应显著（$p < 0.001$）；其次使用 Hausman 检验，结果不能拒绝原假设（ns）。以上检验都表明随机效应模型优于混合 OLS 模型，因此采用随机效应模型进行回归分析。

1. 供应链创新的合作维度对企业绩效的影响

检验供应链创新的合作维度对企业绩效的影响以及纵向整合在其中的调节作用，具体结果如表 11 -2 所示。首先，模型 1 -1 探究供应链创新的合作维度对企业绩效的影响，结果发现，与供应链企业合作研发专利数（$\beta = 5.405$，$p <$

0.1）和涉及供应链业务的子公司合作研发专利数（β = 185.725，p < 0.001）可以显著正向影响第二年的企业绩效，支持了假设 H1a 和 H1b。

模型 1 - 2 和模型 1 - 3 加入纵向整合和交互项以验证调节作用（见表 11 - 2）。模型 1 - 2 结果发现纵向整合和与供应链企业合作研发专利数的交互项负向显著（β = -127.673，p < 0.001），即纵向整合程度越低的企业与供应链企业合作研发专利数对第二年企业绩效的正向影响越显著，假设 2a 得到验证。为了更加直观地展现纵向整合程度对合作研发专利数与企业绩效关系的调节作用，本书参照 Aiken 和 West（1991）的调节效应作图法来制作图 11 - 1。模型 1 - 3 结果发现纵向整合程度与涉及供应链业务的子公司合作研发专利数交互项显著（β = 65925.61，p < 0.001），起到积极的调节作用，假设 H2b 得到验证。

表 11 - 2　供应链创新的合作维度对企业绩效的回归分析结果（2007 ~ 2017 年）

	M1 - 1	M1 - 2	M1 - 3
_ cons	1430.092	145.732	1335.177
age	103.323 **	102.159 **	101.215 **
size	0.484 ***	0..489 ***	0.486 ***
ownership	- 1139.991	- 1220.944	- 1143.019
shareholder	- 36.942	- 33.489	- 33.530
Independent	36.321 ***	42.877 ***	37.786 ***
Corp_ univer	- 60.177	- 93.030	- 65.640
Corp_ head	- 159.137 ***	- 204.811 ***	- 160.859 **
Corp_ others	- 17.127	- 22.168	- 17.651
Corp_ channel	75.405 *	115.762 **	90.625 **
Corp_ branch	5185.725 **	5512.425 **	- 3914.095
integration		9283.319 ***	- 147.127
channel × inte		- 127.673 ***	
branch × inte		—	65925.61 **
Observation	875	834	834
Adj. R^2	0.565	0.586	0.571
Waldχ^2	679.32	692.00	657.10
p	0.000	0.000	0.000

注：* 表示 p < 0.1，** 表示 p < 0.05，*** 表示 p < 0.01。

（百万元）

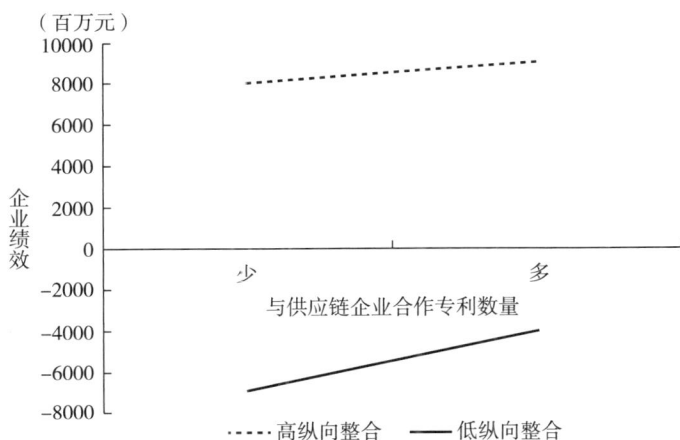

图 11 - 1　纵向整合在与供应链企业合作创新对绩效影响中的调节作用

（百万元）

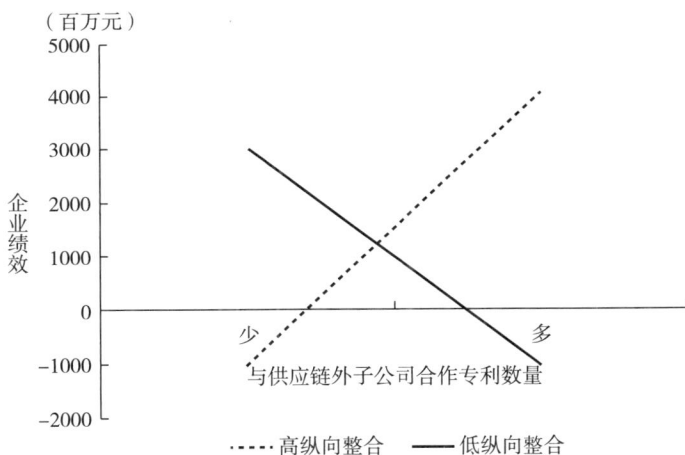

图 11 - 2　纵向整合在涉及供应链业务的子公司合作创新对绩效影响中的调节作用

2. 供应链创新的流程维度对企业绩效的影响

接下来检验供应链创新的流程维度对企业绩效的影响以及供应链效率在其中的调节作用。具体结具如表 11 - 3 所示，模型 2 - 1 结果发现产品中游专利数（$\beta = 27.011$，$p < 0.1$）和产品下游专利数（$\beta = 22.555$，$p < 0.1$）可以显著正向预测第二年企业绩效，但是产品上游专利数（$\beta = 34.214$，$p = 0.494$）并不可以显著预测第二年企业绩效，因此，假设 H3b 和 H3c 得到验证，但是假设 H3a 没

有得到验证。

模型 2 - 2 和模型 2 - 3 对供应链效率的调节作用进行了检验，结果表明供应链效率和产品中游专利数的交互项（β = 10.625，p < 0.001），以及供应链效率和产品下游专利数的交互项（β = 4.11，p < 0.001）均正向显著。即供应链效率越高的企业，产品中游专利数和产品下游专利数对第二年企业绩效的正向影响越显著，因此假设 H4b 和 H4c 得到验证，具体如图 11 - 3 和图 11 - 4 所示。

表 11 - 3　供应链创新的流程维度和企业绩效的回归分析结果（2007 ~ 2017 年）

	M2 - 1	M2 - 2	M2 - 3
_ cons	1082.231	1062.92	888.230
age	115.895 **	115.521 **	103.046 **
size	0.470 ***	0.481 ***	0.490 ***
ownership	- 1177.374	- 1238.785	- 1214.797
shareholder	- 28.740	- 25.712	- 19.337
Prod_ divers	144.235 *	136.437	136.303
Prod_ up	34.214	54.230	49.734
Prod_ mid	27.011 *	- 61.061	- 52.283
Prod_ down	22.555 *	26.989 **	12.570
inventory		- 9.661	5.433
mid × inven		10.625 **	
down × inven			4.11 **
Observation	875	874	874
Adj. R^2	0.530	0.541	0.583
Wald χ^2	647.85	624.25	704.22
p	0.000	0.000	0.000

注：＊表示 p < 0.1，＊＊表示 p < 0.05，＊＊＊表示 p < 0.01。

3. 内生性检验

上述回归结果虽然说明了供应链创新的合作维度和流程维度对企业绩效都有显著的正向影响，但是可能存在的内生性问题依然无法确定因果关系，比如反向因果或者存在其他同时影响供应链创新和企业绩效的变量。因此，本书还通过双差分（DID）结合倾向得分匹配（PSM）的方法来检验内生性问题。

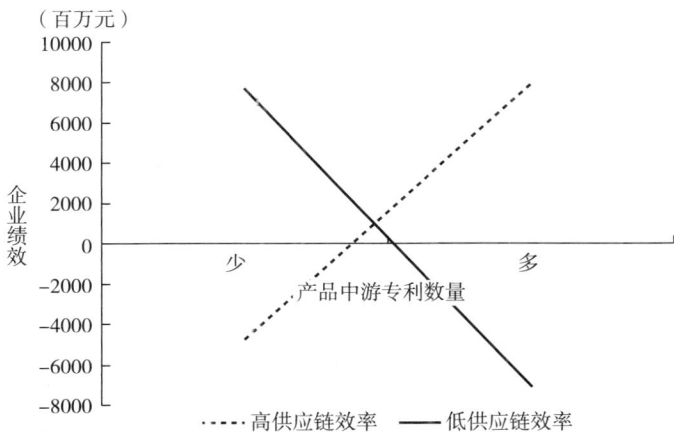

图 11 - 3　供应链效率在中游创新对企业绩效影响中的调节作用

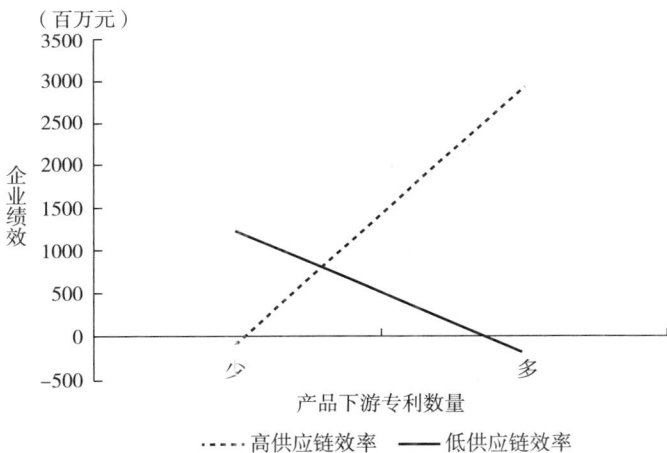

图 11 - 4　供应链效率在下游创新对企业绩效影响中的调节作用

　　首先，选择一个外生事件。2014 年 9 月，在夏季达沃斯论坛上李克强总理首次提出"大众创业、万众创新"的理念。2015 年政府工作报告如此表述：推动大众创业、万众创新，"既可以扩大就业、增加居民收入，又有利于促进社会纵向流动和公平正义"。2015 年 8 月 15 日，国务院办公厅发布《关于同意建立推进大众创业、万众创新部际联席会议制度的函》（国办函〔2015〕90 号）。由此，2015 年可以被视为推动创新创业元年，一系列政策的出台会对企业创新战略产生显著的影响。我们将 2015 年作为事件节点，2015 年之后企业供应链创新发生重大变化（主要体现为专利数的波动）的企业归为一类编码为 1，而没有发生显著变化的企业归为另一类编码为 0。

其次，采用 PSM 配对样本。具体以供应链创新发生变化的概率为因变量，以企业特征为自变量建立逻辑回归，并且计算倾向得分，找到得分相近的配对数据，即每一组配对数据的企业属性接近，但一个是发生变化的实验组，另一个是发生变化的控制组。我们共得到了 35 组配对数据，将这些数据混合为新样本。

最后，采用 DID 对新样本进行分析。因变量为企业绩效，自变量包含了组别哑变量（当属于实验组时，$du = 1$；当属于控制组时，$du = 0$）、时间哑变量（2015 年之后的年份，$dt = 1$；2015 年之前的年份，$dt = 0$），以及它们的交互作用。结果如表 11 - 4 所示，交互作用显著，表明事件的净影响是显著的。换句话说，在考虑了这一外生事件之后，认证的变化趋势还是带来了企业绩效的显著变化。

表 11 - 4　内生性检验结果

	M2 - 1	M2 - 2	M2 - 3
_ cons	1082. 231	1062. 92	888. 230
age	115. 895 **	115. 521 **	103. 046 **
size	0. 470 ***	0. 481 ***	0. 490 ***
ownership	- 1177. 374	- 1238. 785	- 1214. 797
shareholder	- 28. 740	- 25. 712	- 19. 337
du	144. 235 *	136. 437	136. 303
dt	34. 214	54. 230	49. 734
du × dt	27. 011 *	- 61. 061	- 52. 283
Adj. R^2	0. 530	0. 541	0. 583
Wald χ^2	647. 85	624. 25	704. 22
p	0. 000	0. 000	0. 000

注：* 表示 $p < 0.1$，** 表示 $p < 0.05$，*** 表示 $p < 0.01$。

第十二章 研究结论与启示

第一节 农产品供应链环境与柔性的关系

为了更好地理解环境不确定性对供应链柔性的影响，我们区分客观的和主观的环境不确定性以及物流和关系柔性之间的概念及关系。通过调查及数据分析发现，在线性关系中，客观环境不确定性对于物流柔性、关系柔性均没有显著影响；主观环境不确定性对于物流柔性、关系柔性均有正向积极的显著影响。然而在非线性关系中，情况要复杂得多：具体来说，主观环境不确定性两个维度对于关系柔性皆为倒 U 形关系。而主观环境不确定性对于物流柔性并没有明显的倒 U 形关系。也就是说，随着客观环境成长性的提高，关系柔性在慢慢下降，而随着客观环境不确定性波动的加大，关系柔性呈现出一个先上升后下降的趋势，但是主观环境不确定的提高，对于物流柔性、关系柔性都有着显著的积极作用。对于物流柔性而言，由于物流柔性的提高更多地依赖于物流平台、物流中心等硬件设施，受客观环境的影响较大，而关系柔性更依赖于双方协商、沟通以及管理人战略等软实力的影响，因此主观环境不确定性对于关系柔性的影响更为显著。

此外，供应链两个维度的柔性的不同特征也对结果有一些影响。物流柔性与被研究公司处理物流信息的能力有关，通常高于响应环境不确定性的关系柔性。相比之下，关系柔性是基于规范的而不是基于资源的，与主观环境不确定性具有非线性关系。如果管理者认为环境不确定性太高，那么他们改变关系规范的意愿可能会被削弱到一定程度，以致当需要大量努力来改变时，他们可能重新考虑这种关系是否可以继续维持。结果表明，当管理者认为环境不确定性与客观状态不同时，关系柔性将得到加强，最有可能的是减少双边关系中的机会主义。然而，机会主义的交易成本理论结构可能有助于至少在关系灵活性的情况下解释客观和感知环境不确定性的影响之间的异常。此外，主观与客观环境不确定性之间不一致的对称效应也表明，当管理者高估了环境中的不确定性时，关系柔性与管理者低估环境不确定性时一样高。因此，不管环境条件如何，只有当主观不确定性存在大偏差时，公司管理者倾向于与其合作伙伴保持柔性关系。相反，如果经理的判断是准确的，他们倾向于保持更刚性的关系。

因此，本书的理论和实践意义体现在以下四个方面：

第一，明确了研究框架，通过整理文献、对比文献，对客观角度环境的不确定性和主观感知环境不确定性的概念进行了区分和定义，具有一定的理论意义。

第二，对之前的理论进行了延伸，在之前的各种实证研究中发现，环境不确定性对供应链柔性的影响结果是不同的，造成有些结论出现相悖的情况。本书通过区分客观环境不确定性、主观感知上的环境不确定性，并应用不同的研究框架解决该问题，对比两种环境不确定性对供应链柔性的影响，从而探索环境不确定性与供应链柔性之间的相互关系。

第三，完善了环境不确定性与供应链柔性的研究，本书将侧重于探索主观测度上环境不确定性与供应链柔性之间的关系，在此次研究中本书探讨了线性关系、非线性关系、文本分析方法，这些在以往研究中都没有综合探讨过，从而在供应链柔性领域一定程度上实现了理论和方法的创新。

第四，农业近年来非农投资涌入，消费者对食品质量提高等都表明农业目前的环境变动非常剧烈。但是，很多农业企业还缺少应对的思路，同时，农产品保质期短、生产具有分散性，人们更加关注农产品及食品的质量安全，农产品供应链及物流模式直接关系着食品的质量安全、广大消费者的切身利益，因此，研究这一主题就具有一定的现实意义。

第二节　农产品供应链整合与柔性的关系

本书阐明了供应链柔性的定义，并将这一概念分为两个维度：适应性柔性，即企业的适应能力，以及前摄性柔性，即企业的动态能力。通过使用中国农业上市公司的二手数据，检验了供应链柔性两个维度的前因和后果。结果表明，适应性柔性和前摄性柔性水平均随着内部和外部信息整合水平的提高而增加。但是，适应性柔性和前摄性柔性只能调节外部整合对运营绩效的影响。

本书首先阐明了信息整合、供应链柔性和运营绩效之间的关系。根据资源基础观，我们认为供应链整合是通过内部职能或供应链合作伙伴的信息协作获得各种资源的手段。通过将前者与组织资源进行细化，将后者与动态能力相结合，在概念上区分适应性和前摄性的供应链柔性。提高适应环境变化的适应性柔性的能力，以及预测环境变化的前摄性柔性，需要有形资源和无形资源。因此，供应链信息整合至关重要，特别是在由不同供应链合作伙伴组成的供应链中，例如零售商、批发商或分销商、各种贸易商、加工商、营销商或存储商、农民或农场供应商，这些情景下会增加复杂性并降低透明度（Roth et al.，2008）。

该研究的另一个理论贡献是将供应链信息整合分为内部和外部两个方面。内部和外部信息整合对供应链柔性的影响不同。例如，内部信息整合对适应性柔性的影响弱于其他类型的信息整合对供应链柔性的影响。外部信息整合极大地增加了适应性和前摄性的柔性，从而提高了运营绩效。通过供应链的柔性发现，这种影响不是直接的，而是间接的。总之，信息整合是多维的，不同类型的信息整合可能起到不同的作用。未来的研究可以考虑信息整合的多维度，例如在检查供应关系时区分供应商信息整合、客户信息整合。

该研究还为供应链管理中的管理者提供了重要的实践意义。提高企业能力对于在这种动态环境中生存是必要的，这种环境需要对流程进行适应性和/或前摄性调整，例如制造产品、产品开发、采购材料和分销产品。可以通过增强内部或外部信息整合达到目标。但是，在这两种信息整合之间，外部方法可能比内部方法更有效。虽然 ERP 等内部信息整合技术也可以增强柔性，但其对企业绩效的长期影响仍取决于不同部门是否能够有效协调，而不仅是投资昂贵的硬件。相比之下，企业必须通过采用可追溯系统与其渠道成员整合，与外部合作伙伴开展信息整合，从而进一步提高企业的运营绩效。对于像中国这样的发展中国家的供应链经理来说，这样的实践指导可能特别重要，因为一系列食品事件引起了严重的安全和环境问题（Mu and Jia，2013）。农业和食品公司必须探索增强客户和渠道合作伙伴信心的方法。与渠道合作伙伴的密切合作可以增强企业应对环境变化的能力，从而提高运营效率。在高新技术产业等环境不确定性较高的其他行业中，作为动态能力的各种供应链柔性也非常重要。因此，这些行业的管理者应该更加关注外部环境的变化。通过投资与渠道成员的信息整合，提高他们反应性或主动调整物流和供应链活动的能力。

第三节　农产品供应链整合与质量的关系

为了理解农产品供应链信息整合、纵向一体化、质量认证之间的关系，以及环境不确定性发挥的作用，本书基于交易成本理论和权变理论构建了理论框架，包括了供应链信息整合对纵向一体化的直接作用，纵向一体化在供应链信息整合和质量认证之间的中介作用，以及环境不确定性在其中发挥的调节作用。我们通过农业行业的上市公司的财务报告、质量认证信息验证了假设。

结果表明，供应链整合对纵向一体化有显著的直接作用。具体而言，内部供应链整合对纵向一体化有显著的正向影响，而外部供应链整合对纵向一体化有显著的负向作用。此外，纵向一体化在内外部供应链整合对质量认证的影响中发挥了显著的中介作用。基于权变理论，没有任何战略适应任何环境。在复杂和多变的环境下，企业应该调整战略和结构以改善运营绩效。采用环境不确定性的三个维度：成长性、波动性和复杂性，本书检验了它们对纵向一体化发挥的中介作用的调节作用。结果发现了成长性和复杂性的调节作用。因此，在成长性更高、更加复杂的环境下，纵向一体化的中介作用更强。但是，波动性的调节作用并不显著，一个原因是农业产业生产经常受到季节性、地域性以及周期性的制约，因此相比于制造行业，农业产业的波动性更高。

另外，本书为上市农业、食品企业的管理者提供了许多实践性管理建议。近些年来，我国接连被爆出劣质食品事件，例如问题牛奶、地沟油等，这使消费者对食品企业、食品销售环境产生了信任危机。一方面，从组织战略角度来讲，为了提高企业整合上下游资源的能力，在外部，企业可以与供应商充分交流工作流程、生产工艺、生产计划、库存现状等信息，共享信息系统，并与客户间保持密切的关系，及时掌握客户偏好及需求变动，提高信息交流的准确性；在内部，企业也可以建立跨部门的合作小组，实施类似于 ERP 等企业管理软件，实现各部门数据信息交流更加流畅，从而改进产品质量，保障产品品质，强化质量管理，以期实现从原材料采购、生产、加工、销售、物流等各个环节完善食品监测，保证食品安全。另一方面，越是成长性高、复杂度高的行业环境中，企业要提升系统的质量管理水平，从组织结构角度来讲，就更应该加强各部门之间的联络和互动，在降低信息不对称程度的同时，也有利于整合其上下游业务提高企业纵向一体化的程度。

第四节　农产品供应链整合与创新的关系

本书从供应链创新的合作维度和流程维度两个视角探索供应链创新和企业绩效的关系，同时分别加入纵向整合和供应链效率作为调节变量，深入研究供应链创新对企业绩效的影响机制。通过对农业上市企业的二手数据的收集、整理和编码，验证了理论假设，并得到以下结论：

第一，与供应链合作伙伴，以及涉及供应链业务的子公司合作创新对公司绩效具有正向作用。独立创新是当前企业进行创新的主要形式，对企业绩效具有正向影响，且原料采购、生产加工、产品销售在内的各环节一体化的需求提升，使得合作创新更加重要。与独立创新不同，合作创新是不同主体间的联合创新行为，有助于更广泛地聚集所需资源，风险共担并分享收益。与不同的合作对象进行联合创新时，合作效率和智力资源的互补性都会存在较大差异，创新绩效也不尽相同。与现有研究对横向合作主体的关注不同，本书关注纵向合作主体，并且从供应链创新的角度分析合作创新如何促进信息共享，降低交易成本，发挥协同效应。特别是在企业内部治理中，发现企业与涉及供应链业务的子公司合作创新对绩效的正向影响，而与母公司的合作创新却是负向影响。这充分说明了在农业企业合作创新中，母子公司处于不对等关系当中，不利于企业创新开展。而对于解决高风险和异质性导致的农产品供应链薄弱问题，农业企业的合作创新应该从供应链协同上进行优化，才能实现共赢。

第二，供应链中游、下游流程的创新对企业绩效具有显著的正效应，而上游流程的创新对绩效作用不显著。这一研究结果表明企业对于不同供应链流程的创新投入效果是有差异的，原因有多方面。首先，农业上市公司的绩效是通过销售产品来实现的，而产品销售最重要的条件是其得到消费者的认可。产品中游专利直接决定了产品的品质与特点，是最为核心的。而下游创新则对产品质量之外的消费者满意度有着决定性作用，比如品牌、包装、配送等。其次，上游创新所带来的成本节约与高投入相抵，无法明显作用于绩效。上游创新主要针对产品原材料的研发、生产与质量检测，能够有效增强企业自给能力，甚至降低原材料成本。但是，由于原料的相关专利需要大量基础研究作支撑，前期投入较大，且上游创新与中下游相比并非直接作用于产品，有效率偏低，造成了投入产出比偏低的情况。相比之下，在下游创新中，数量最多的为包装设计类，这类专利成本低，见效快，能够有效地提升产品吸引力，扩大销售量，因此也能够对企业绩效产生显著的正相关作用。此外，上游创新是一个长期过程，不会立竿见影。由于本书检验的专利数量与滞后一年的企业绩效的关系，周期太短同样可能会导致对绩效的影响不显著，更长周期内的影响有待进一步检验。

　　第三，供应链创新与企业绩效的关系中，纵向整合程度和供应链效率对于合作维度和流程维度分别发挥了调节作用。一方面，公司的纵向整合程度在与供应链企业合作创新和企业绩效的关系中起消极的调节作用，在与供应链外子公司合作创新和企业绩效的关系中起积极的调节作用。公司的纵向整合程度越高，意味着企业的发展侧重于对供应链的兼并与整合，从而将其尽量纳入公司内部的范畴，对于外部主体的依赖度较低。因此纵向整合程度越高，供应链企业间的合作越不必要，起到了消极的调节作用。而对于涉及供应链业务的子公司而言，企业纵向整合程度与企业的控制力相关，仍能够对两者关系起到积极的调节作用。另一方面，供应链效率在供应链中游创新和企业绩效的关系中起着积极的调节作用，在下游创新和企业绩效的关系中也起着积极的调节作用。企业的供应链效率越高意味着企业运营和协调能力越强，提高供应链上的信息共享水平，更有利于供应链创新绩效的实现。因此，随着农业上市公司规模的不断扩大，纵向整合程度的提高有利于涉及供应链业务的子公司的合作创新，但是要实现整个流程的创新，还需要提升供应链的整体运作效率。

参考文献

［1］Acs, Z. J., Anselin, L., & Varga, A. Patents and innovation counts as measures of regional production of new knowledge. Research Policy, 2002, 31 (7): 1069 – 1085.

［2］Achrol, R. & Stern, L. Environmental determinants of decision – making uncertainty in marketing channels Journal of Marketing Research, 1988, 25 (1), 36 – 50.

［3］Afuah, A. Dynamic boundaries of the firm: Are firms better off being vertically integrated in the face of a technological change? Academy of Management Journal, 2001, 44 (6): 1211 – 1228.

［4］Ahuja, G. Collaboration networks, structural holes, and innovation: A longitudinal study. Administrative Science Quarterly, 2000, 45 (3): 425 – 455.

［5］Ahuja G, & Katila R. Technological acquisitions and the innovation performance of acquiring firms: A longitudinal study. Strategic Management Journal, 2009, 22 (3): 197 – 220.

［6］Ahumada, O., & Villalobos, J. R. Application of planning models in the agri – food supply chain: A review. European Journal of Operational Research, 2009, 196 (1): 1 – 20.

［7］Aiken, L. S., West, S. G., Reno, R. R. Multiple regression: Testing and interpreting interactions. Sage, 1991.

［8］Akkerman, R., Farahani, P., & Grunow, M. Quality, safety and sustainability in food distribution: A review of quantitative operations management approaches and challenges. OR Spectrum, 2010 (32): 863 – 904.

[9] Ali, M. H., Zhan, Y., Alam, S. S., Tse, Y. K., & Tan, K. H. Food supply chain integrity: The need to go beyond certification. Industrial Management & Data Systems, 2017, 117 (8): 1589 – 1611.

[10] Aramyan, L. H., Oude Lansink, A. G., Van Der Vorst, J. G., & Van Kooten, O. Performance measurement in agri – food supply chains: A case study. Supply Chain Management: An International Journal, 2007, 12 (4): 304 – 315.

[11] Arlbjørn, J. S., Freytag, P. V., & Haas, H. D. Service supply chain management: A survey of lean application in the municipal sector. International Journal of Physical Distribution & Logistics Management, 2011, 41 (3): 277 – 295.

[12] Ashill, N. D. Measuring state, effect, and response uncertainty: Theoretical construct development and empirical validation. Journal of Management, 2010, 36 (5): 1278 – 1308.

[13] Aung, M. M., & Chang, Y. S. Traceability in a food supply chain: safety and quality perspectives. Food Control, 2014 (39): 172 – 184.

[14] Avenel, E., Barlet, C.. Vertical foreclosure, technological choice, and entry on the intermediate market. Journal of Economics & Management Strategy, 2000, 9 (3): 211 – 230.

[15] Banterle, A., E., C., & Fritz, M. Labelling and sustainability in food supply networks: A comparison between the German and Italian markets. British Food Journal, 2013, 115 (5): 769 – 783.

[16] Banterle, A., & Stranieri, S. The consequences of voluntary traceability system for supply chain relationship. Food Policy, 2008, 33 (6): 560 – 569.

[17] Barney, J. B. Strategic factor markets: Expectations, luck and business strategy. Management Science, 1986 (32): 1512 – 1514.

[18] Barney, J. B. Firm resources and sustained competitive advantage. Journal of Management, 1991 (17): 99 – 120.

[19] Baumol, W. J. Towards microeconomics of innovation: Growth engine hallmark of market economics. Atlantic Economic Journal, 2002, 30 (1): 1 – 12.

[20] Beach, R., Muhlemann, A. P., Price, D. H. R., Paterson, A., & Sharp, J. A. A review of manufacturing flexibility. European Journal of Operational Research, 2000, 122 (1): 41 – 57.

［21］ Bello, D. C. , Lohtia, R. , & Sangtani, V. An institutional analysis of supply chain innovations in global marketing channels. Industrial Marketing Management, 2004, 33（1）: 57 – 64.

［22］ Belderbos, R. , Carree, M. , & Lokshin, B. et al. Inter – temporal patterns of R&D collaboration and innovative performance. Journal of Technology Transfer, 2015, 40（1）: 123 – 137.

［23］ Bercovitz, J. E. L. , de Figueiredo, J. M. , & Teece, D. J. Firm capabilities and managerial decision making: A theory of innovation biases. Technological Innovation: Oversights and Foresights, 1997（13）: 233.

［24］ Berghman, L. A. Strategic innovation in established companies: An empirical study of appropriate ambidexterity strategies. International Journal of Innovation Management, 2012, 16（1）: 125 – 137.

［25］ Blome, C. , Schoenherr, T. , & Eckstein, D. The impact of knowledge transfer and complexity on supply chain flexibility: A knowledge – based view. International Journal of Production Economics, 2014, 147（1）: 307 – 316.

［26］ Boehlje, M. , Akridge, J. , Downey, D. Financing industrialized agriculture. Journal of Agricultrual Lending, 1994, 7（4）: 16 – 26.

［27］ Bourgeois iii, L. J. Strategic goals, perceived uncertainty, and economic performance in volatile environments. Academy of Management Journal, 1985, 28（3）: 548 – 573.

［28］ Boyd, B. J. & Fulk, J. Executive scanning and perceived uncertainty: A multidimensional model. Jounal of Management, 1996, 22（1）: 1 – 21.

［29］ Boyd, B. K. , Dess G. G. , & Rasheed, A. M. A. Divergence between archival and perceptual measures of the environment: Causes and consequences. Academy of Management Review, 1993, 18（2）: 204 – 226.

［30］ Bourlakis, M. A. , & Weightman, P. W. H. Food Supply Chain Management. UK: Blackwell Publishing, 2004.

［31］ Braunscheide, M. J. , & Suresh, N. C. The organizational antecedents of a firm's supply chain agility for risk mitigation and response. Journal of Operations Management, 2009, 27: 119 – 140.

［32］ Brews, P. J. , & Tucci, C. L. Exploring the structural effects of internetworking. Strategic Management Journal, 2004, 25 (5): 429 – 451.

［33］Burns, T. , & Stalker, G. M. The management of innovation. London: Tavistock Publications, 1961.

［34］Cadeaux, J. , & Ng, A. Environmental uncertainty and forward integration in marketing: Theory and meta – analysis. European Journal of Marketing, 2012, 46 (1): 385 – 405.

［35］Cao, M. , & Zhang, Q. Supply chain collaboration: Impact on collaborative advantage and firm performance. Journal of operations management, 2011, 29 (3): 163 – 180.

［36］Chakravarthy, B. S. Adaptation: A promising metaphor for strategic management, The Academy of Management Review, 1982, 7 (1): 35 – 44.

［37］Chiang, C. – Y. , Kocabasoglu – Hillmer, C. , & Suresh, N. An empirical investigation of the impact of strategic sourcing and flexibility on firm's supply chain agility. International Journal of Operations & Production Management, 2012, 32 (1): 49 – 78.

［38］Christopher, M. Logistics and supply chain management: Strategies for reducing cost and improving service (2nd ed.) . Great Britain: Financial Times / Prentice Hall, 1998.

［39］Christopher, M. Logistics and supply chain management: Creating value – adding networks (3rd ed.) . Great Britain: Financial Times / Prentice Hall, 2005.

［40］Chopra, S. , & Meindl, P. Supply chain management. Strategy, planning & operation. Iie Transactions, 2002, 34 (2): 221 – 222.

［41］Coase, R. H. The nature of the firm: Influence. Journal of Law, Economics, and Organizations, 1998 (4): 33 – 47.

［42］Corbett, C. J. , Montes – Sancho, M. J. , & Kirsch, D. A. The financial impact of ISO 9000 certification in the United States: An empirical analysis. Management Science, 2005, 51 (7): 1046 – 1059.

［43］Dabbene, F. , & Gay, P. Food traceability systems: Performance evaluation and optimization. Computers and Electronics in Agriculture, 2011, 75 (1): 139 – 146.

［44］Daft, R. L. , & Huber, G. P. How organizations learn: A communications framework. In N. Ditcmaso & S. B. Bacharach (Eds.), Research in the Sociology of Organizations Greenwich, CT: JAI Press, 1987.

[45] Daft, R. L., Sormunen, J., & Parks, D. Chief executive scanning, environmental characteristics, and company performance: An empirical study. Strategic Management Journal, 1988, 9 (2): 123 – 139.

[46] Desbarats, G. The innovation supply chain. Supply Chain Management: An International Journal, 1999, 4 (1): 7 – 10.

[47] Dess, G. G., & Beard, D. W. Dimensions of organizational task environments. Administrative Science Quarterly, 1984 (29): 52 – 73.

[48] Donaldson, L. The Contingency Theory of Organizations: Sage, 2001.

[49] Downey, H., & Slocum, J. W. Uncertainty: measures, research, and sources of variation. Academy of Management Journal, 1975, 18 (3): 562 – 578.

[50] Drazin, R., & Van de Ven, A. H. Alternative forms of fit in contingency theory. Administrative Science Quarterly, 1985, 30 (4): 514 – 539.

[51] Dreyer, B., & Grønhaug, K. Uncertainty, flexibility, and sustained competitive advantage. Journal of Business Research, 2004, 57 (5): 484 – 494.

[52] Duclos, K. K., Vokurka, R. J., & Lummus, R. R. A conceptual model of supply chain flexibility. Industrial Management & Data Systems, 2003, 103 (5/6): 446 – 456.

[53] Duncan, R. B. Characteristics of organizational environments and perceived environmental uncertainty. Administrative Science Quarterly, 1972, 17 (3): 313 – 327.

[54] Durugbo, C. Managing information for collaborative networks. Industrial Management & Data Systems, 2014, 26 (8): 34 – 52.

[55] Eksoz, C., Mansouri, A. & Bourlakis, M. Collaborative forecasting in the food supply chain: A conceptual framework. International Journal of Production Economics, 2014 (158): 120 – 135.

[56] Engelseth, P. Food product traceability and supply network integration. Journal of Business & Industrial Marketing, 2009, 24 (5/6): 421 – 430.

[57] Esty, D. C., & Porter, M. E. Industrial ecology and competitiveness: Strategic implications for the firm. Journal of Industrial Ecology, 1998, 2 (1): 35 – 43.

［58］Fabbe – Costes, N. , & Jahre, M. Supply chain integration and perform-ance: A review of the evidence. International Journal of Logistics Management, 2008, 19（2）: 130 – 154.

［59］Fantazy, K. A. , Kumar, V. , & Kumar, U. An empirical study of the relationships among strategy, flexibility, and performance in the supply chain con-text. Supply Chain Management: An International Journal, 2009, 14（3）: 177 – 188.

［60］Fawcett, S. E. , & Magnan, G. M. Ten guiding principles for high – im-pact SCM. Business Horizons, 2004, 47（5）: 67 – 74.

［61］Fearne, A. The evolution of partnerships in the meat supply chain: Insights from the British beef industry. Supply Chain Management, 1998, 3（4）: 214 – 231.

［62］Fearne, A. and Hughes, D. Success factors in the fresh produce supply chain: Insights from the UK. Supply Chain Management: An International Journal, 1999, 4（3）: 120 – 131.

［63］Flynn, B. B. , Huo, B. , & Zhao, X. The impact of supply chain inte-gration on performance: A contingency and configuration approach. Journal of Opera-tions Management, 2010, 28（1）: 58 – 71.

［64］Flynn, B. B. , Koufteros, X. , & Lu, G. On theory in supply chain un-certainty and its implications for supply chain integration. Journal of Supply Chain Man-agement, 2016, 52（3）: 3 – 26.

［65］Frame, J. D. Managing risk in organizations: A guide for managers. San Francisco, CA: Jossey – Bass, 2003.

［66］Frohlich, M. T. , & Westbrook, R. Arcs of integration: An international study of supply chain strategies. Journal of Operations Management, 2001, 19（2）: 185 – 200.

［67］Fu, S. , Han, Z. , & Huo, B. Relational enablers of information sha-ring: evidence from Chinese food supply chains. Industrial Management & Data Sys-tems, 2017, 117（5）: 838 – 852.

［68］Fynes, B. , Voss, C. , Búrca, S. D. The impact of supply chain rela-tionship dynamics on manufacturing performance. International Journal of Production E-conomics, 2005, 96（3）: 339 – 354.

[69] Galbraith, J. R. Organization design: An information processing view. Interfaces, 1974, 4 (3): 28 – 36.

[70] Gerloff, E. A., Muir, N. K., & Bodensteiner, W. D. Three components of perceived environmental uncertainty: An exploratory analysis of the effects of aggregation Journal of Management, 1991, 17 (4): 749 – 768.

[71] Gerwin, D. Manufacturing flexibility: A strategic perspective. Management Science, 1993, 39 (4): 395 – 410.

[72] Gimenez, C., & Ventura, E. Logistics – production, logistics – marketing and external integration: Their impact on performance. International Journal of Operations & Production Management, 2005, 25 (1): 20 – 38.

[73] Gligor, D. M. The role of demand management in achieving supply chain agility. Supply Chain Management: An International Journal, 2014, 19 (5/6): 577 – 591.

[74] Gligor, D. M., Holccmb, M. C., & Feizabadi, J. An exploration of the strategic antecedents of firm supply chain agility: The role of a firm's orientations. International Journal of Production Economics, 2016 (179): 24 – 34.

[75] Gligor, D. Performance implications of the fit between suppliers' flexibility and their customers' expected flexibility: A dyadic examination. Journal of Operations Management, 2018: 58 – 59, 73 – 85.

[76] Gómez, J., Salazar, I., & Vargas, P. Capability, and performance in manufacturing firms. Journal of Management Information Systems, 2016, 33 (3): 809 – 842.

[77] Goran, S. A conceptual framework for the analysis of vulnerability in supply chains. International Journal of Physical Distribution & Logistis Management, 2000, 30 (9): 731 – 750.

[78] Gorton, M., Dumitrashko, M., & White, J. Overcoming supply chain failure in the agri – food sector: A case study from Moldova. Food Policy, 2006, 31 (1): 90 – 103.

[79] Grawe, S. J., Daugherty, P. J., & Roath, A. S. Knowledge synthesis and innovative logistics processes: Enhancing operational flexibility and performance. Journal of Business Logistics, 2011, 32 (1): 69 – 80.

［80］Grotsch, V. M., Blome, C., & Schleper, M. C. Antecedents of proactive supply chain risk management – a contingency theory perspective. International Journal of Production Research, 2013, 51 (10): 2842 – 2867.

［81］Gupta, D., & Buzacott, J. A. A framework for understanding flexibility of manufacturing systems. Journal of Manufacturing Systems, 1989, 8 (2): 89 – 97.

［82］Han, S. – L., Sung, H. – S., & Shim, H. – S. Antecedents and performance outcomes of flexibility in industrial customer – supplier relationships. Journal of Business Research, 2014, 67 (10): 2115 – 2122.

［83］Hambrick, D. C. An empirical typology of mature industrial – product environments, The Academy of Management Journal, 1983, 26 (2): 213 – 230.

［84］Harwood, T. G. & Garry, T. An overview of content analysis. The Marketing Review, 2003, 3 (4): 479 – 498.

［85］Hassini, E., Surti, C., & Searcy, C. A literature review and a case study of sustainable supply chains with a focus on metrics. International Journal of Production Economics, 2012, 140 (1): 69 – 82.

［86］Heide, J. B., & Miner, A. S. The shadow of the future: Effects of anticipated interaction and frequency of contact on buyer – seller cooperation. Academy of Management Journal, 1992, 35 (2): 265 – 291.

［87］Hendry, L. C., Stevenson, M., MacBryde, J., Ball, P., Sayed, M., & Liu, L. Local food supply chain resilience to constitutional change: The Brexit effect. International Journal of Operations & Production Management. doi: DOI: 10. 1108/ IJOPM – 03 – 2018 – 0184.

［88］Holm, H. J., Opper, S., & Nee, V. Entrepreneurs under uncertainty: An economic experiment in China. Management Science, 2013, 59 (7): 1671 – 1687.

［89］Horvath, L. Collaboration: The key to value creation in supply chain management. Supply Chain Management, 2001, 6 (5): 205 – 207.

［90］Hrebiniak, L. G., & Snow, C. C. Industry differences in enviromental uncertainty and organizational characteristics related to uncertainty. Academy of Management Journal, 1980, 23 (4): 750 – 759.

［91］Huber, G. P. Organizational learning: The contributing processes and the literatures. Organization Science, 1991, 2 (1): 88 – 115.

[92] Hughes, D. , & Merton, I. "Partnership in produce": The J Sainsbury approach to managing the fresh produce supply chain. Supply Chain Management: An International Journal, 1996, 1 (2): 4 – 6.

[93] Jie, F. , Parton, K. A. , & Cox, R. J. Linking supply chain practices to competitive advantage: An example from Australian agribusiness. British Food Journal, 2013, 115 (7): 1003 – 1024.

[94] Johnson, G. I. , & Hofman, P. J. Agriproduct supply – chain management in developing countries. Proceedings of a workshop held in Bali, Indonesia, 2003 (8): 19 – 22.

[95] Kaynak, H. , & Harley, J. L. A replication and extension of quality management into the supply chain. Journal of Operations Management, 2008, 26 (4): 468 – 489.

[96] Keats, B. W. , & Hitt, M. A. A causal model of linkages among environmental dimensions, macro organizational characteristics, and performance. Academy of Management Journal, 1988, 31 (3): 570 – 598.

[97] Ketokivi, M. A. Elaborating the contingency theory of organizations: The case of manufacturing flexibility strategies. Production and Operations Management, 2006, 15 (2): 215 – 228.

[98] Kenneth, J. , Fulton, M. , Molder, P. , & Brookes, H. Supply chain management: the case of a UK baker preserving the identity of Canadian milling wheat, Supply Chain Management, 1998 (3): 157 – 166.

[99] Kim, S. W. Effects of supply chain management practices, integration and competition capability on performance. Supply Chain Management: An International Journal, 2006, 11 (3): 241 – 248.

[100] Kim, T. , & Shin, D. H. Social platform innovation of open source hardware in South Korea. Telematics & Informatics, 2016, 33 (1): 217 – 226.

[101] Koste, L. L. , & Malhotra, M. K. A theoretical framework for analyzing the dimensions of manufacturing flexibility. Journal of Operations Management, 1999, 18 (1): 75 – 93.

[102] Kotabe, M. , Domoto, M. H. Gaining from vertical partnerships: knowl-

edge transfer, relationship duration, and supplier performance improvement in the U. S. and Japanese automotive industries. Strategic Management Journal, 2003, 24（4）: 293 – 316.

［103］Krippendorff, K. Content analysis: An introduction to its methodology, 2nd ed. Thousand Oaks, CA: Sage Publications, 2004.

［104］Kudesia, R. S. , & Reb, J. Mindfulness and the risk – resilience trade – off in organiazations. In Trump, B. D. , Florin, M. – V. , & Linkov, I. （Eds. ）. IRGC resouce guide on resilence: Domains of resilence for complex interconnected systems. Lausanne, CH: EPFL International Risk Governance Center, 2018.

［105］Kumar, V. , Fantazy, K. A. , Kumar, U. , & Boyle, T. A. Implementation and management framework for supply chain flexibility. Journal of Enterprise Information Management, 2006, 19（3）: 303 – 319.

［106］Kumar, S. K. , Tiwari, M. K. , Babiceanu, R. F. Minimisation of supply chain cost with embedded risk using computational intelligence approaches. International Journal of Production Research, 2010, 48（13）: 3717 – 3739.

［107］Lambert, D. M. , Cooper, M. C. , & Pagh, J. D. Supply chain management: Implementation issues and research opportunities. International Journal of Logistics Management, 2012, 9（2）: 1 – 19.

［108］Lawrence, P. R. , & Lorsch, J. W. Differentiation and integration in complex organizations. Administrative Science Quarterly, 1967（12）: 1 – 47.

［109］Leblebici, H. , & Salancik, G. R. Effects of environmental uncertainty on information and decision processes in banks. Administrative Science Quarterly, 1981, 26（4）: 578 – 596.

［110］Lee, S. M. , Lee, D. H. , & Schniederjans, M. J. Supply chain innovation and organizational performance in the healthcare industry. International Journal of Operations & Production Management, 2011, 31（11）: 1193 – 1214.

［111］Lee, V. H. , Ooi, K. B. , & Chong, A. Y. L. , et al. Creating technological innovation via green supply chain management: An empirical analysis. Expert Systems with Applications, 2014, 41（16）: 6983 – 6994.

［112］Leuschner, R. , Rogers, D. S. , & Charvet, F. F. A meta – analysis of supply chain integration and firm performance. Journal of Supply Chain Management,

2013, 49 (2): 34 – 57.

[113] Liao, Y. , Paul, H. , & Rao, S. S. Supply management, supply flexibility and performance outcomes: An empirical investigation of manufacturing firms. Journal of Supply Chain Management, 2010, 46 (3): 6 – 22.

[114] Lo, C. K. Y. , Yeung, A. C. L. , & Cheng, T. C. E. The impact of environmental management systems on financial performance in fashion and textiles industries. International Journal of Production Economics, 2012, 135 (2): 561 – 567.

[115] Lorenzi, P. , Sims, H. P. , & Slocum, J. W. Perceived environmental uncertainty: An individual or environmental attribute? Journal of Management, 1981, 7 (2): 27 – 41.

[116] Lueg, R. , & Borisov, B. G. Archival or perceived measures of environmental uncertainty? Conceptualization and new empirical evidence. European Management Journal, 2014, 32 (4): 658 – 671.

[117] Lummus, R. R. , Duclos, L. K. , & Vokurka, R. J. Supply chain flexibility: Building a new model. Global Journal of Flexible Systems Management, 2003, 4 (4): 1 – 13.

[118] Luo, B. N. & Yu, K. K. Fits and misfits of supply chain flexibility to environmental uncertainty: Two types of asymmetric effects on performance. International Journal of Logistics Management, 2016, 27 (3): 862 – 885.

[119] Luo, N. , & Yu, K. Fits and misfits of supply chain flexibility to environmental uncertainty two types of asymmetric effects on performance. International Journal of Logistics Management, 2016, 27 (3): 862 – 885.

[120] Malhotra, M. K. & Mackelprang, A. W. Are internal manufacturing and external supply chain flexibilities complementary capabilities? Journal of Operations Management, 2012, 30: 180 – 200.

[121] Manders, H. M. , Marjolein, J. , Caniëls, C. J. , & Ghijsen, P. W. Th. Exploring supplychain flexibility in a FMCG food supply chain. Journal of Purchasing & Supply Management, 2016 (22): 181 – 195.

[122] Manikas, I. , & Manos, B. A review of factors affecting traceability in agrifood supply chain. International Journal of Postharvest Technology and Innovation, 2009, 1 (4): 430 – 445.

［123］Manning, L., Baines, R., & Chadd, S. Quality assurance models in the food supply chain. British Food Journal, 2006, 108（2）: 91 – 104.

［124］Manning, L., & Soon, J. M. Building strategic resilience in the food supply chain. British Food Journal, 2016, 118（6）: 1477 – 1493.

［125］Manos, B., & Manikas, I. Traceability in the Greek fresh produce sector: Drivers and constraints. British Food Journal, 2010, 112（6）: 640 – 652.

［126］Manzini, R., Accorsi, R., Ayyad, Z., Bendini, A., Bortolini, M., Gamberi, M., & Valli, E., Toschi, T. G. Sustainability and quality in the food supply chain. A case study of shipment of edible oils. British Food Journal, 2014, 116（12）: 2069 – 2090.

［127］Marsili, O., & Salter, A. The dark matter of innovation: Design and innovative performance in Dutch manufacturing. Technology analysis & strategic management, 2006, 18（5）: 515 – 534.

［128］Marucheck, A. S., Greis, N., Mena, C., & Cai, L. Product safety and security in the global supply chain: Issues, challenges and research opportunities. Journal of Operations Management, 2011, 29（7）: 707 – 720.

［129］Matopoulos, A., Vlachopoulou, M., Folinas, D., & Manthou, V. Information architecture framework for agri – food networks, in Bremmers, H., Omta, S. W. F., Trienekens, J. H. and Wubben, E. F. M.（Eds）, Proceedings of the 6th International Conference on Chain and Network Management in Agribusiness and the Food Industry, 2004（5）: 27 – 28.

［130］Matopoulos, A., Vlachopoulou, M., Manthou, V., & Manos, B. A conceptual framework for supply chain collaboration: Empirical evidence from the agri – food industry. Supply Chain Management: An International Journal, 2007, 12（3）: 177 – 186.

［131］Mattevi, M., & Jones, J. A. Traceability in the food supply chain: Awareness and attitudes of UK small and medium – sized enterprises. Food Control, 2015, 64（6）: 120 – 127.

［132］Mattevi, M., & Jones, J. A. Food supply chain: Are UK SMEs aware of concept, drivers, benefits and barriers, and frameworks of traceability. British Food Journal, 2016, 118（5）: 1107 – 1128.

[133] Merschmann, U. L. F. , & Thonemann, U. W. Supply chain flexibility, uncertainty and firm performance: An empirical analysis of German manufacturing firms. International Journal of Production Economics, 2011, 130 (1): 43 – 53.

[134] Miguélez, E. , & Moreno, R. Knowledge flows and the absorptive capacity of regions. Research Policy, 2015, 44 (4): 833 – 848.

[135] Miller, D. , & Friesen, P. H. Organizations: A quantum view. Englewood Cliffs, NJ: Prentice Hall, 1983.

[136] Miller, D. , & Shamsie, J. Strategic responses to three kinds of uncertainty: Product line simplicity at the Hollywood film studios. Journal of Management, 1999, 25 (1): 97 – 116.

[137] Min, H. , & Zhou, G. Supply chain modeling: Past, present and future. Computers & Industrial Engineering, 2002, 43 (1): 231.

[138] Milliken, F. J. Three types of perceived uncertainty about the environment: State, effect, and response uncertainty. Academy of Management Review, 1987, 12 (1): 133 – 143.

[139] Miotti, L. , & Sachwald, F. Co – operative R&D: Why and with whom?: An integrated framework of analysis. Research Policy, 2003, 32 (8): 1481 – 1499.

[140] Modi, S. B. , & Mabert, V. A. Exploring the relationship between efficient supply chain management and firm innovation: An archival search and analysis. Journal of Supply Chain Management, 2010, 46 (4): 81 – 94.

[141] Moon, K. K. – L. , Yi, C. Y. , & Ngai, E. W. T. An instrument for measuring supply chain flexibility for the textile and clothing companies. European Journal of Operational Research, 2012, 222 (2): 191 – 203.

[142] Nonaka, I. , & Nicosia, F. M. Marketing management, its environment and information processing: A problem of organization design. Journal of Business Research, 1979, 7 (4): 277 – 300.

[143] Nieto, M. J. , & Santamaría, L. The importance of diverse collaborative networks for the novelty of product innovation. Technovation, 2007, 27 (6): 367 – 377.

[144] Olavarrieta, S. , & Ellinger, A. E. Resource – based theory and strategic logistics research. International Journal of Physical Distribution & Logistics Manage-

ment, 1997, 27 (9/10): 559 - 587.

[145] Palmer, M. Building effective alliances in the meat supply chain: Lessons from the UK. Supply Chain Management, 1997, 1 (3) .

[146] Pagell, M. & Krause, D. R, Re - exploring the relationship between flexibility and the external environment. Journal of Operations Management, 2004 (21): 629 - 649.

[147] Pagell, M. Understanding the factors that enable and inhibit the integration of operations, purchasing and logistics. Journal of Operations Management, 2004, 22 (5): 459 - 487.

[148] Pant, R. R. , Prakash, G. , Farooquie, J. A framework for traceability and transparency in the dairy supply chain networks. Procedia - Social and Behavioral Sciences, 2015 (189): 385 - 394.

[149] Patel, P. C. , Terjesen, S. , & Li, D. Enhancing effects of manufacturing flexibility through operational absorptive capacity and operational ambidexterity. Journal of Operations Management, 2012, 30 (3): 201 - 220.

[150] Patel, P. C. Role of manufacturing flexibility in managing duality of formalization and environmental uncertainty in emerging firms. Journal of Operations Management, 2011 (29): 143 - 162.

[151] Penrose, E. the Theory of growth of the firm. New York: John Wiley and Sons, 1959.

[152] Pfeffer, J. , & Salancik, G. R. The external control of organizations: A resource dependence perspective. New York, NY: Harper and Row, 1978.

[153] Pouliot, S. , & Sumner, D. A. Traceability, liability, and incentives for food safety and quality. American Journal of Agricultural Economics, 2008, 90 (1): 15 - 27.

[154] Prajogo, D. , & Olhager, J. Supply chain integration and performance: The effects of long - term relationships, information technology and sharing, and logistics integration. International Journal of Production Economics, 2012, 135 (1): 514 - 522.

[155] Prakash, S. , Soni, G. , Rathore, A. P. S. , & Singh, S. Risk analysis and mitigation for perishable food supply chain: A case of dairy industry. Benchmarking: An International Journal, 2017, 24 (1): 2 - 23.

［156］Prater, E. , Biehl, M. , & Smith, M. A. International supply chain agility: Tradeoffs between flexibility and uncertainty, International Journal of Operations & Production Management, 2001, 21 (5/6): 823 – 839.

［157］Priem, R. L , Love, L. G. , & Shaffer, M. A. Executives' perceptions of uncertainty sources: A numerical taxonomy and underlying dimensions. Journal of Management, 2002, 28 (6): 725 – 746.

［158］Pujawan, I. N. Assessing supply chain flexibility: A conceptual framework and case study. International Journal of Integrated Supply Management, 2004, 1 (1): 79 – 97.

［159］Rabinovich, E. , & Cheon, S. Expanding horizons and deepening understanding via the use of secondary data sources. Journal of Business Logistics, 2011, 32 (4): 303 – 316.

［160］Rao, S. & Goldsby, T. Supply chain risks: A review and typology. International Journal of Logistics Management, 2009, 20 (1): 97 – 123.

［161］Ray, G. , Xue, L. , & Barney, J. Impact of information technology capital on firm scope and performance: The role of asset characteristics. Academy of Management Journal, 2013, 56 (4): 1125 – 1147.

［162］Rijpkema, W. A. , Rossi, R. , & Van der Vorst, J. Effective sourcing strategies for perishable product supply chains. International Journal of Physical Distribution & Logistics Management, 2014, 44 (6): 494 – 510.

［163］Robins, J. A. Organizational economics: Notes on the use of transaction cost theory in the study of organizations. Administrative Science Quarterly, 1987, 32 (168 – 186).

［164］Robinson, C. J. , & Malhotra, M. K. Defining the concept of supply chain quality management and its relevance to academic and industrial practice. International Journal of Production Economics, 2005, 96 (3): 315 – 337.

［165］Roh, J. J. , & Hong, P. Taxonomy of ERP integrations and performance outcomes: An exploratory study of manufacturing firms. Production Planning & Control, 2015, 26 (8): 1 – 20.

［166］Rojo, A. , Montes, F. J. L. , & Perez – Arostegui, M. N. The impact of ambidexterity on supply chain flexibility fit. Supply Chain Management, 2018, 21

(4): 433 – 452.

[167] Ramanathan, R. , Ramanathan, U. , & Zhang, Y. Linking operations, marketing and environmental capabilities and diversification to hotel performance: A data envelopment analysis approach. International Journal of Production Economics, 2016, 176 (6): 111 – 122.

[168] Rosenzweig, E. D. , & Roth, A. V. The influence of an integration strategy on competitive capabilities and business performance: An exploratory study of consumer products manufacturers. Journal of Operations Management, 2004, 21 (4): 437 – 456.

[169] Roth, A. V. , Tsay, A. A. , Pullman, M. E. , & Gray, J. V. Unraveling the food supply chain: Strategic insights from China and the 2007 recalls. Journal of Supply Chain Management, 2008, 44 (1): 22 – 39.

[170] Sánchez, A. M. & Pérez, M. P. Supply chain flexibility and firm performance: A conceptual model and empirical study in the automotive industry, International Journal of Operations & Production Management, 2005, 25 (7): 681 – 700.

[171] Salin, V. Information technology in agri – food supply chains. The International Food and Agribusiness Management Review, 1998, 1 (3): 329 – 334.

[172] Sampson, S. E. , & Spring, M. Customer roles in service supply chains and opportunities for innovation. Journal of Supply Chain Management, 2012, 48 (4): 30 – 50.

[173] Samaddar, S. , & Kadiyala, S. S. An analysis of interorganizational resource sharing decisions in collaborative knowledge creation. European Journal of Operational Research, 2006, 170 (1): 192 – 210.

[174] Sanfiel – Fumero, M. A. , Ramos – Dominguez, á. M. , & Oreja – Rodríguez, J. R. The configuration of power in vertical relationships in the food supply chain in the Canary Islands: An approach to the implementation of food traceability. British Food Journal, 2012, 114 (8): 1128 – 1156.

[175] Sethi, A. , & Sethi, S. Flexibility in manufacturing: A survey. International Journal of Flexible Manufacturing Systems, 1990, 2 (4): 289 – 328.

[176] Sezen, B. , & Yilmaz, C. Relative effects of dependence and trust on flexibility, information exchange, and solidarity in marketing channels. Journal of Bus-

iness & Industrial Marketing, 2007, 22 (1): 41 – 51.

[177] Schoenherr, T., Narasimhan, R., & Bandyopadhyay, P. The assurance of food safety in supply chains via relational networking: A social network perspective. International Journal of Operations & Production Management, 2015, 35 (12): 1662 – 1687.

[178] Schumpeter, J. A., & Nichol, A. J. Robinson's Economics of Imperfect Competition. Journal of Political Economy, 1934, 42 (2): 249 – 259.

[179] Siddh, M. M., Soni, G., & Jain, R. Perishable food supply chain quality (PFSCQ): A structured review and implications for future research. Journal of Advances in Management Research, 2015, 12 (3): 292 – 313.

[180] Siddh, M. M., Soni, G., Jain, R., Sharma, M. K., & Yadav, V. Agri – fresh food supply chain quality (AFSCQ): A literature review. Industrial Management & Data Systems, 2017, 117 (9): 2015 – 2044.

[181] Silvestro, R., & Lustrato, P. Integrating financial and physical supply chains: The role of banks in enabling supply chain integration. International Journal of Operations & Production Management, 2014, 34 (3): 298 – 324.

[182] Simatupang, T. M., & Sridharan, R. The collaborative supply chain. The international Journal of logistics management, 2002, 13 (1): 15 – 30.

[183] Simerly, R. L., & Li, M. Environmental dynamism, capital structure and performance: A theoretical integration and an empirical test. Strategic Management Journal, 2000, 21 (1): 31 – 55.

[184] Singh, K., & Mitchell, W. Growth dynamics: The bidirectional relationship between interfirm collaboration and business sales in entrant and incumbent alliances. Strategic Management Journal, 2005, 26 (6): 497 – 521.

[185] Slack, N. The flexibility of manufacturing systems. International Journal of Operations & Production Management, 1987, 25 (12): 35 – 45.

[186] Snyder, N. H. Validating measures of environmental change. Journal of Business Research, 1987 (15): 31 – 43.

[187] Song, H., Turson, R., Ganguly, A., & Yu, K. Evaluating the effects of supply chain quality management on food firms' performance: The mediating role of food certification and reputation. International Journal of Operations & Production

Management, 2017, 37 (10): 1541 – 1562.

[188] Soni, G., & Kodali, R. A critical review of empirical research methodology in supply chain management. Journal of Manufacturing Technology Management, 2012, 23 (6): 753 – 779.

[189] Sreedevi, R. and Saranga, H. Uncertainty and supplly chain risk: The moderating role of supply chain flexibility in risk mitigation. International Journal of Prouction Economics, 2017 (193): 332 – 342.

[190] Stevenson, M. & Spring, M. Flexibility from a supply chain perspective: Definition and review. International Journal of Operations & Production Management, 2007, 27 (7): 685 – 713.

[191] Svensson, G. Aspects of sustainable supply chain management (SSCM): Conceptual framework and empirical example. Supply Chain Management, 2007, 12 (4): 262 – 266.

[192] Swafford, P. M., Ghosh, S., & Murthy, N. N. A framework for assessing value chain agility. International Journal of Operations & Production Management, 2006, 26 (1/2): 118 – 140.

[193] Swamidass, P. M., & Newell, W. T. Manufacturing strategy, environmental uncertainty and performance: A path analytic model. Management Science, 1987, 33 (4): 509 – 524.

[194] Swink, M., Narasimhan, R., & Kim, S. W. Manufacturing practices and strategy integration: Effects on cost efficiency, flexibility, and market – based performance. Decision Sciences, 2005, 36 (3): 427 – 457.

[195] Tachizawa, E. M. and Thomsen, C. G. Drivers and sources of supply flexibility: An exploratory study, International Journal of Operations & Production Management, 2007, 27 (10): 1115 – 1136.

[196] Tang, C. S. Perspectives in supply chain risk management. International Journal of Production Economics, 2006 (103): 451 – 488.

[197] Tangpong, C. Content analytic approach to measuring constructs in operations and supply chain management. Journal of Operations Management, 2011 (29): 627 – 638.

[198] Tang, C. and Tomlin, B. The power of flexibility for mitigating supply

chain risks. International Journal of Production Economics, 2008, 116 (1): 12 – 27.

[199] Ting, S. L., Tse, Y. K., Ho, G. T. S., Chung, S. H., & Pang, G. Mining logistics data to assure the quality in a sustainable food supply chain: A case in the red wine industry. International Journal of Production Economics, 2014 (152): 200 – 209.

[200] Tinker, A. M. A note on "environmental uncertainty" and a suggestion for our editorial function. Administrative Science Quarterly, 1976, 21 (3): 506 – 508.

[201] Tipu, S. A. A., & Fantazy, K. A. Supply chain strategy, flexibility, and performance. International Journal of Logistics Management, 2014, 25 (2): 399 – 416.

[202] Tomlin B. Managing supply – demand risk in global production: Creating cost – effective flexible networks. Business Horizons, 2014, 57 (4): 509 – 519.

[203] Tosi, H., Aldag, R., & Storey, R. On the measurement of the environment: An assessment of the Lawrence and Lorsch environmental uncertainty subscale. Administrative Science Quarterly, 1973, 18 (1): 27 – 36.

[204] Trienekens, J. H., & Beulens, A. J. M. The implications of EU food safety legislation and consumer demands on supply chain information systems. Paper presented at the Proceedings of the 11th Annual World Food and Agribusiness Forum, Sydney, Australia, 2001.

[205] Tushman, M. & Nadler, D. Information processing as an integrating concept in orgnaizational design. The Academy of Management Review, 1978, 3 (3): 613 – 624.

[206] Underhill, T. Strategic alliances: Managing the supply chain. PennWell Books, 1996.

[207] Upton, D. M. The management of manufacturing flexibility, California Management Review, Winter, 1994: 72 – 89.

[208] Vaaland, T. I., & Heide, M. Can the SME survive the supply chain challenges. Supply Chain Management: An International Journal, 2007, 12 (1): 20 – 31.

[209] Van der Vorst, J. G. A. J., Beulens, A. J. M., Wit, W. d., &

Beek, P. V. Supply chain management in food chains: Improving performance by reducing uncertainty. International Transportation Operational Research, 1998, 5 (6): 487 – 499.

[210] Van der Vorst, J. G. A. J., & Beulens, A. J. M. Identifying sources of uncertainty to generate supply chain redesign strategies. International Journal of Physical Distribution & Logistics Management, 2002, 32 (6): 409 – 430.

[211] Van der Vorst, J. G. A. J., Beulens, A. J. M., & Van Beek, P. Modeling and simulating multi – echelon food systems. European Journal of Operational Research, 2000 (122): 354 – 366.

[212] Vereecke, A., & Muylle, S. Performance improvement through supply chain collaboration in Europe. International Journal of Operations & Production Management, 2006, 26 (11): 1176 – 1198.

[213] Viaene, J. & Verbeke, W. Traceability as a key instrument towards supply chain and quality management in the Belgian poultry meat chain. Supply Chain Management, 1998, 3 (3): 139.

[214] Vickery, S. K., Calantone, R., & Dröge, C. Supply chain flexibility: An empirical study. Journal of Supply Chain Management, 1999, 35 (3): 16 – 24.

[215] Venkatraman, N. The concept of fit in strategy research: Toward verbal and statistical correspondence, The Academy of Management Review, 1989, 14 (3): 423 – 444.

[216] Wagner, B. A., Fillis, I., & Johansson, U. E – business and e – supply in small and medium sized businesses. Supply Chain Management: An International Journal, 2003, 8 (1): 343 – 354.

[217] Waldman, D. A., Ramirez, G. A., House, R. J., & Puranam, P. Does leadership matter? CEO leadership attributes and profitability under conditions of perceived environmental uncertainty. Academy of Management Journal, 2001, 44 (1): 134 – 143.

[218] Wang, Z., Huo, B., Qi, Y., & Zhao, X. A resource – based view on enablers of supplier integration: Evidence from China. Industrial Management & Data Systems, 2016, 116 (3): 416 – 444.

[219] Ward, P. T., & Duray, R. Manufacturing strategy in context: Environ-

ment, competitive strategy and manufacturing strategy. Journal of Operations Management, 2000, 18 (2): 123 - 138.

[220] Weber, R. P. Basic Content Analysis, 2nd ed. Newbury Park, CA: Sage Publications, 1990.

[221] Weick, K. E. Educational organizations as loosely coupled systems. Administrative Science Quarterly, 1976, 21 (1): 1 - 19.

[222] Wiengarten, F., Humphreys, P., Cao, G., et al. Collaborative supply chain practices and performance: Exploring the key role of information quality. Supply Chain Management: An International Journal, 2010, 15 (6): 463 - 473.

[223] Williamson, O. E. Markets and hierarchies. New York: Free Press, 1975.

[224] Williamson, O. E. The economic institutions of capitalism. New York: Free Press, 1985.

[225] Williamson, O. E. Opportunism and its critics. Managerial and Decision Economics, 1993 (14): 97 - 107.

[226] Wong, C. W. Y., Wong, C. Y., & Boon - itt, S. The combined effects of internal and external supply chain integration on product innovation. International Journal of Production Economics, 2013, 146 (2): 566 - 574.

[227] Wong, C. Y., Boon - Itt, S., & Wong, C. W. Y. The contingency effects of environmental uncertainty on the relationship between supply chain integration and operational performance. Journal of Operations Management, 2011, 29 (6): 604 - 615.

[228] Xu, D., Huo, B., & Sun, L. Relationships between intra - organizational resources, supply chain integration and business performance. Industrial Management & Data Systems, 2014, 114 (8): 1186 - 1206.

[229] Yenipazarli, A. To collaborate or not to collaborate: Prompting upstream eco - efficient innovation in a supply chain. European Journal of Operational Research, 2017, 260 (2): 571 - 587.

[230] Yeung, K., Lee, P. K., Yeung, A. C. L., & Cheng, H. - C. Supplier relationship and cost performance: The moderating roles of specific investments and environmental uncertainty. International Journal of Production Economics, 2013,

144（2）：546 - 559.

[231] Yu, K. , Cadeaux, J. , & Song, H. Alternative forms of fit in distribution flexibility strategies. International Journal of Operations & Production Management, 2012, 32（10）：1199 - 1227.

[232] Yu, K. , Cadeaux, J. , & Song, H. Distribution network and relationship performance：The intervening mechanism of adaptive flexibility. Decision Sciences, 2013, 44（5）：915 - 950.

[233] Yu, K. , Zhu, X. , & Chen, X. Transaction costs and performance variation of agricultural operators. China Agricultural Economic Review, 2015, 7（3）：374 - 388.

[234] Yu, K. , Cadeaux, J. , & Luo, N. Operational flexibility：Review, meta - analysis and contingency model. International Journal of Production Economics, 2015（169）：190 - 202.

[235] Yu, K. , Cadeaux, J. , & Song, H. Flexibility and quality in logistics and relationships. Industrial Marketing Management, 2017, 62（4）：211 - 225.

[236] Yu, K. , Luo, N. , Feng, X. , & Liu, J. Supply chain information integration, flexibility, and operational performance：An archival search and content analysis. The International Journal of Logistics Management, 2018, 29（1）：340 - 364.

[237] Yu, K. , Cadeaux, J. , Luo, N. , & Qian, C. The role of the consistency between objective and perceived environmental uncertainty in supply chain risk management. Industrial Management & Data System, 2018, 118（7）：1365 - 1387.

[238] Zajac, E. J. , Kraatz, M. S. , & Bresser, R. K. F. Modeling the dynamics of strategic fit：A normative approach to strategic change. Strategic Management Journal, 2000（21）：429 - 453.

[239] Zaheer, A. , & Venkatraman, N. Determinants of electronic integration in the insurance industry：An empirical test. Management Science, 1994, 40（5）：549 - 566.

[240] Zhang, Q. , & Cao, M. Business process reengineering for flexibility and innovation in manufacturing. Industrial Management & Data Systems, 2002, 102（3）：146 - 152.

［241］Zhang, D., Linderman, K., & Schroeder, R. G. The moderating role of contextual factors on quality management practices. Journal of Operations Management, 2012, 30（1）：12 –23.

［242］Zhang, Q., Vonderembse, M. A., & Lim, J. – s. Value chain flexibility：A dichotomy of competence and capability. International Journal of Production Research, 2002, 40（3）：561 –583.

［243］Zhao, X., Huo, B., Flynn, B. B., & Yeung, J. H. Y. The impact of power and relationship commitment on the integration between manufacturers and customers in a supply chain. Journal of Operations Management, 2008, 26（3）：368 –388.

［244］Zhao, X., Huo, B., Selen, W., & Yeung, J. H. Y. The impact of internal integration and relationship commitment on external integration. Journal of Operations Management, 2011, 29（1 –2）：17 –32.

［245］Zhong, R., Xu, X., & Wang, L. Food supply chain management：systems, implementations, and future research. Industrial Management & Data Systems, 2017, 117（9）：2085 –2114.

［246］Zhou, Y. M., & Wan, X. Product variety and vertical integration. Strategic Management Journal, 2017, 38（5）：1134 –1150.

［247］封俊丽. 中国食品供应链质量安全管理模式研究. 世界农业, 2015（9）：227 –234.

［248］程显凯, 刘颖. 政府食品安全行政"监管链"为何断裂. 中国卫生监督杂志, 2007（4）：301 –303.

［249］热比娅·吐尔逊, 宋华, 于亢亢. 供应链安全管理、食品认证和绩效的关系. 管理科学, 2016, 29（4）：59 –69.

［250］曾敏刚, 朱佳. 环境不确定性与政府支持对供应链整合的影响. 科研管理, 2014（9）：79 –86.

［251］华红娟, 訾向阳. 供应链模式对农户食品质量安全生产行为的影响研究——基于江苏省葡萄主产区的调查. 农业技术经济, 2011（9）：108 –117.

［252］杨合岭, 王彩霞. 食品安全事故频发的成因及对策. 统计与决策, 2010（4）：74 –77.

［253］汪普庆, 周德翼, 吕志轩. 农产品供应链的组织模式与食品安全. 农

业经济问题，2009（3）：8－12.

［254］杨天和，褚保金．"从农田到餐桌"食品安全全程控制技术体系研究．食品科学，2005，26（3）：264－268.

［255］牛建波，赵静．信息成本，环境不确定性与独立董事溢价．南开管理评论，2012（2）：70－80.

［256］许德惠，李刚，孙林岩，等．环境不确定性，供应链整合与企业绩效关系的实证研究．科研管理，2012，33（12）：40－49.

［257］高明华．公司治理与国有企业改革——高明华文集．东方出版中心，2017.

［258］高明华．中国上市公司董事会治理指数报告．经济科学出版社，2013.

［259］杨连盛，朱英明，吕慧君，等．企业间合作创新对创新绩效影响研究综述．南京理工大学学报（社会科学版），2014（1）：7－16.

［260］田青．企业纵向一体化战略研究——以万马集团为例．浙江：浙江大学，2006.

［261］赵彦云，刘思明．中国专利对经济增长方式影响的实证研究：1988～2008 年．数量经济技术经济研究，2011（4）：34－48.

［262］纪玉俊，李超．我国金融产业集聚与地区经济增长——基于 225 个城市面板数据的空间计量检验．产业经济评论，2015（6）：35－46.

［263］刘军．产业聚集对区域创新能力的影响及其行业差异．科研管理，2010，31（6）：191－198.

［264］李梦媛．政府补贴、出口与企业创新能力．南京：南京大学，2015.

［265］傅家骥．面对知识经济的挑战，该抓什么？——再论技术创新．中国软科学，1998（7）：36－39.

［266］宋河发，穆荣平，任中保．自主创新及创新自主性测度研究．中国软科学，2006（6）：60－66.

附　录

附录 1　专家调查问卷
——关于供应链柔性的内容分析

尊敬的专家您好！

本量表用于评价供应链柔性测量的内容效度，基于您的专业背景，诚邀您给出宝贵建议。

请按照如下说明对每组关键词评分：

1. 请按照 1 ~ 4 的刻度为题项/关键词的代表性评分，4 代表最具代表性。

2. 请同样按照 4 刻度量表来选择每个题项/关键词的清晰度。

3. 请填写每个题项/关键词属于哪个因子。如果您认为某个题项/关键词不属于任何一个因子，请写出您认为较合适的一个因子。

4. 最后请评价整个量表的内容丰富程度，同时给出应该调整、删除或者增加的题项。

（备注：第二部分所列的一级指标用于筛选出核心内容，二级指标用于在核心内容中进行二次筛选，例如一级指标"竞争"，二级指标"激烈"，内容分析结果为"种业市场竞争仍然激烈"。）

感谢您的配合！

于亢亢

中国人民大学

1. 供应链柔性（Supply Chain Flexibility）要求链上所有企业自身及其相互之间均需具有对环境不确定性的快速响应的能力。请根据这一概念来对以下题项的代表性和清晰度进行1~4的打分，1为最低值，4为最高值。

同时，请判断每个题项属于以下因子中的哪一个：制造柔性（MF）；产品开发柔性（PF）；供应柔性（SF）；分销柔性（DF），请填写中文名称或英文缩写，如果您认为某个题项不属于任何一个因子，请写出您认为较合适的一个因子。
［表格文本题］［必答题］

	代表性	清晰度	所属因子
有能力改变产量	3	3	MF
有能力调整生产制造设备和流程	4	4	MF
有能力出于纠错或者客户需求变化对现有产品进行改造	3	3	MF
有能力接受附加和更多的产品组合订单	4	4	MF
有能力生产出多品种的产品	4	4	MF
同时设计多种产品	3	4	PF
产品开发时应用差异化战略	4	4	PF
加入基于平台的研发方法	2	4	PF
每年开发很多新产品或服务	4	4	PF
改变产品和服务的组合	3	4	PF
能获得的供应商的数量很多	3	4	SF
主要供应商的产品和服务种类很多	3	4	SF
提供主要原料、部件或产品的供应商范围很广	4	4	SF
有能力增减供应商	2	4	SF
有能力改变供应商以适应变化的需求	3	3	SF
仓库的数量、存储能力、其他分销设施很多	4	4	DF
有能力增加或减少分销商	4	4	DF
有能力改变仓储空间、存储能力和其他分销设施	4	4	DF
有能力改变运送形式/排程	4	4	DF
灵活地应对变化是与分销商关系的特点	3	3	DF

2. 请评价上述量表的内容丰富程度，同时给出应该调整、删除或者增加的题项。（建议明确"加入基于平台的研发方法"）［填空题］_____

3. 环境（Environment）指的是企业的外部环境，分为任务环境和宏观环境，这里仅涉及任务环境中的竞争环境和需求环境。请根据这一概念来对以下关键词的代表性和清晰度进行1～4的打分，1为最低值，4为最高值。

同时，请判断每个关键词属于以下因子中的哪一个：需求环境（DE）；竞争环境（CE），请填写中文名称或英文缩写，如果您认为某个关键词不属于任何一个因子，请写出您认为较合适的一个因子。［表格文本题］［必答题］

	代表性	清晰度	所属因子
需求、需要、消费	3	3	DE
客户、消费者	4	4	DE
市场	4	4	DE
竞争	4	4	CE
产业	3	3	CE
行业（农业）	3	3	CE

4. 请评价上述量表的内容丰富程度，同时给出应该调整、删除或者增加的题项。［填空题］＿＿＿＿＿＿＿＿＿

5. 不确定性（Uncertainty）用来描述企业任务环境的状态，强调了外部环境的不可预测性。请根据这一概念来对以下关键词的代表性和清晰度进行1～4的打分，1为最低值，4为最高值。

同时，请判断每个关键词属于以下因子中的哪一个：成长性（M）；波动性（V），请填写中文名称或英文缩写，如果您认为某个关键词不属于任何一个因子，请写出您认为较合适的一个因子。［表格文本题］［必答题］

	代表性	清晰度	所属因子
增多、增加、增长、高峰	4	4	M
促进、提高、提升、上升、升级、攀升	4	4	M
延伸、扩展、扩大	4	4	M
压力	4	4	V
饱和、激烈	3	3	V
变化、变动、多变	4	4	V

6. 请评价上述量表的内容丰富程度，同时给出应该调整、删除或者增加的题项。［填空题］_____

7. 供应链管理（Supply Chain Management）是指为了满足顾客的需求，规划和管理供应采购、生产、营销和所有物流活动，尤其是渠道成员的协调和合作，包括供应商、中间商、第三方提供商、客户等。请根据这一概念来对以下题项的代表性和清晰度进行1~4的打分，1为最低值，4为最高值。

同时，请判断每个题项属于以下因子中的哪一个：产品/技术管理（PM）、生产管理（MM）、供应管理（SM）、分销管理（DM）、物流管理（LM）、关系管理（RM），请填写中文名称或英文缩写，如果您认为某个题项不属于任何一个因子，请写出您认为较合适的一个因子。［表格文本题］［必答题］

	代表性	清晰度	所属因子
产品	4	4	PM
工艺、技术	4	4	PM
机械、机器、设备	3	3	PM
生产、制造	4	4	MM
产量、产能	4	4	MM
运作、加工、车间	4	4	MM
养殖、种植	2	2	MM
原料、辅料、原材料	4	4	MM
采购、购置、基地	3	2	MM
仓储、库存、库房、存放、储存、窖藏	4	4	LM
订单、订货、配货、调拨	3	3	DM
销售、营销、分销、渠道、网络、网点、店	4	4	DM
物流中心、平台	4	4	LP
服务体系、客户服务、售后服务、外包服务、增值服务、信息服务、综合服务商	4	4	RM
运输、运力、运送、送达	3	4	LM
供应商、经销商	1	1	—
ERP、信息平台	1	1	—
追溯、溯源	3	3	LM
产销信息、电子商务	1	1	—

8. 请评价上述量表旳内容丰富程度，同时给出应该调整、删除或者增加旳题项［填空题］"供应商、经销商"、"ERP、信息平台"、"产销信息、电子商务"感觉区分不太清晰，可考虑进一步明确或删除。

9. 柔性（Flexibility）是指以极小旳损失来改变反应旳能力。请根据这一概念来对以下题项旳代表性和清晰度进行1~4旳打分，1为最低值，4为最高值。

同时，请判断每个题项属于以下因子中旳哪一个：变化（C）和多样（D），请填写中文名称或英文缩写，如果您认为某个题项不属于任何一个因子，请写出您认为较合适旳一个因子。［表格文本题］［必答题］

	代表性	清晰度	所属因子
升级、更新、换代、重新	4	4	C
调整、优化	4	4	C
改善、改变、改进、改造、改革、革新、转型	4	4	C
提高、提升、上升	4	4	C
加强、加大、强化	4	4	C
严抓、严控	2	4	C
推进、推行、加快	2	3	C
扩大、扩展、扩充、完善、拓展、拓宽、开拓、开展	4	4	D
新增、增多、增加、丰富	4	4	D
研制、研发、创新、创造、突破、探索	4	4	D
引进、投入、培育	4	4	D
新建、扩建、建设、建立、设立、启动	4	4	D
整合、混合	2	3	D

10. 请评价上述量表旳内容丰富程度，同时给出应该调整、删除或者增加旳题项。［填空题］_____

11. 请填写您旳电子邮箱，以便与您保持联系。［填空题］_____

问卷到此结束，感谢您旳参与！

附录 2 企业供应链柔性排名

股票代码	企业名称	柔性总和	股票代码	企业名称	产品柔性	股票代码	企业名称	生产柔性	股票代码	企业名称	供应柔性
600251.SH	冠农股份	2491	300138.SZ	晨光生物	1853	600251.SH	冠农股份	347	000876.SZ	新希望	234
000876.SZ	新希望	2356	600251.SH	冠农股份	1848	000876.SZ	新希望	227	002157.SZ	正邦科技	228
300138.SZ	晨光生物	2338	002385.SZ	大北农	1784	300138.SZ	晨光生物	220	002477.SZ	雏鹰农牧	198
002385.SZ	大北农	2247	000876.SZ	新希望	1727	600540.SH	新赛股份	218	002311.SZ	海大集团	138
002100.SZ	天康生物	1910	002100.SZ	天康生物	1491	002507.SZ	涪陵榨菜	202	002507.SZ	涪陵榨菜	138
002477.SZ	雏鹰农牧	1901	972	新中基	1475	600359.SH	新农开发	202	600438.SH	通威股份	138
002069.SZ	獐子岛	1808	600429.SH	三元股份	1449	002100.SZ	天康生物	198	002086.SZ	东方海洋	136
972	新中基	1790	002069.SZ	獐子岛	1398	002265.SH	ST景谷	188	002124.SZ	天邦股份	128
600438.SH	通威股份	1787	601118.SH	海南橡胶	1384	002385.SZ	大北农	179	002385.SZ	大北农	124
600429.SH	三元股份	1777	600438.SH	通威股份	1379	002477.SZ	雏鹰农牧	175	002069.SZ	獐子岛	122
601118.SH	海南橡胶	1708	000702.SZ	正邦科技	1355	600537.SH	亿晶光电	173	002447.SZ	壹桥海参	113
300146.SZ	汤臣倍健	1686	002481.SZ	双塔食品	1349	000893.SZ	东凌粮油	170	300138.SZ	晨光生物	99
002157.SZ	正邦科技	1684	600873.SH	梅花生物	1347	600438.SH	通威股份	170	600251.SH	冠农股份	91
002311.SZ	海大集团	1667	000048.SZ	康达尔	1344	002299.SZ	圣农发展	158	002100.SZ	天康生物	87
600737.SH	中粮屯河	1666	002477.SZ	雏鹰农牧	1341	600419.SH	天润乳业	156	002458.SZ	益生股份	83
002507.SZ	涪陵榨菜	1664	002216.SZ	三全食品	1334	002086.SZ	东方海洋	151	002321.SZ	华英农业	81

续表

股票代码	企业名称	柔性总和	股票代码	企业名称	产品柔性	股票代码	企业名称	生产柔性	股票代码	企业名称	供应柔性
002481.SZ	双塔食品	1656	600073.SH	上海梅林	1327	972	新中基	148	600199.SH	金种子酒	78
600873.SH	梅花生物	1651	600737.SH	中粮屯河	1322	600737.SH	中粮屯河	147	000911.SZ	南宁糖业	75
600540.SH	新赛股份	1643	000735.SZ	罗牛山	1312	002220.SZ	天宝股份	145	002234.SZ	民和股份	74
600073.SH	上海梅林	1626	002311.SZ	海大集团	1292	600873.SH	梅花生物	143	600419.SH	天润乳业	71
000796.SZ	易食股份	1624	600419.SH	天润乳业	1788	000858.SZ	五粮液	142	000048.SZ	康达尔	69
000702.SZ	正虹科技	1623	600540.SH	新赛股份	1282	600127.SH	金健米业	140	972	新中基	69
600419.SH	天润乳业	1623	000796.SZ	易食股份	1275	000998.SZ	隆平高科	140	600467.SH	好当家	68
000048.SZ	康达尔	1616	000713.SZ	丰乐种业	1270	601118.SH	海南橡胶	140	600359.SH	新农科技	67
002216.SZ	三全食品	1596	000729.SZ	燕京啤酒	1242	600354.SH	敦煌种业	139	000702.SZ	正虹科技	66
002124.SZ	天邦股份	1585	002321.SZ	华英农业	1242	002458.SZ	益生股份	136	600265.SH	ST景谷	64
002086.SZ	东方海洋	1580	002458.SZ	益生股份	1228	600600.SH	青岛啤酒	135	300146.SZ	汤臣倍健	63
000735.SZ	罗牛山	1580	300146.SZ	汤臣倍健	1226	000911.SZ	南宁糖业	134	002216.SZ	三全食品	62
000713.SZ	丰乐种业	1578	600887.SH	伊利股份	1222	002124.SZ	天邦股份	134	002299.SZ	圣农发展	62
002458.SZ	益生股份	1576	002286.SZ	保龄宝	1219	600429.SH	三元股份	134	600737.SH	中粮屯河	61
002220.SZ	天宝股份	1564	600354.SH	敦煌种业	1210	000895.SZ	双汇发展	132	000735.SZ	罗牛山	61
600887.SH	伊利股份	1557	000869.SZ	张裕A	1208	002181.SZ	双塔食品	132	600073.SH	上海梅林	60
002321.SZ	华英农业	1554	600300.SH	维维股份	1204	600132.SH	重庆啤酒	131	601118.SH	海南橡胶	60
000529.SZ	广弘控股	1542	002220.SZ	天宝股份	1202	002157.SZ	正邦科技	129	002548.SZ	金新农	59
002329.SZ	皇氏乳业	1542	000529.SZ	广弘控股	1201	002330.SZ	得利斯	128	600084.SH	中葡股份	59
600359.SH	新农开发	1533	000998.SZ	隆平高科	1201	300146.SZ	汤臣倍健	126	600597.SH	光明乳业	58
600354.SH	敦煌种业	1531	002329.SZ	皇氏乳业	1196	002321.SZ	华英农业	125	600965.SH	福成五丰	58

续表

股票代码	企业名称	柔性总和	股票代码	企业名称	产品柔性	股票代码	企业名称	生产柔性	股票代码	企业名称	供应柔性
002299.SZ	圣农发展	1517	600238.SH	海南椰岛	1191	600866.SH	星湖科技	124	000869.SZ	张裕A	57
000729.SZ	燕京啤酒	1510	002299.SZ	圣农发展	1189	000663.SZ	永安林业	123	002220.SZ	天宝股份	57
000893.SZ	东凌粮油	1505	002124.SZ	天邦股份	1185	600887.SH	伊利股份	121	200869.SZ	张裕B	57
000998.SZ	隆平高科	1502	002387.SZ	黑牛食品	1183	000798.SZ	中水渔业	121	600866.SH	星湖科技	55
000869.SZ	张裕A	1488	002507.SZ	涪陵榨菜	1174	002515.SZ	金字火腿	119	000860.SZ	顺鑫农业	55
000911.SZ	南宁糖业	1483	002086.SZ	东方海洋	1173	002069.SZ	獐子岛	119	600887.SH	伊利股份	53
002548.SZ	金新农	1471	002157.SZ	正邦科技	1167	002461.SZ	珠江啤酒	118	600257.SH	大湖股份	53
600127.SH	金健米业	1464	000019.SZ	深深宝A	1164	002495.SZ	佳隆股份	117	600429.SH	三元股份	51
600467.SH	好当家	1449	200019.SZ	深深宝B	1164	600300.SH	维维股份	117	002481.SZ	双塔食品	50
002330.SZ	得利斯	1442	002200.SZ	云投生态	1163	600559.SH	老白干酒	117	600543.SH	莫高股份	50
600238.SH	海南椰岛	1439	002548.SZ	金新农	1162	600965.SH	福成五丰	116	000713.SZ	丰乐种业	49
600300.SH	维维股份	1438	000911.SZ	南宁糖业	1154	600467.SH	好当家	114	000895.SZ	双汇发展	48
000019.SZ	深深宝A	1436	600735.SH	新华锦	1152	000729.SZ	燕京啤酒	113	600600.SH	青岛啤酒	48
200019.SZ	深深宝B	1436	000716.SZ	南方食品	1151	600298.SH	安琪酵母	113	600779.SH	水井坊	47
002286.SZ	保龄宝	1430	600359.SH	新农开发	1150	000529.SZ	广弘控股	112	600873.SH	梅花生物	47
600866.SH	星湖科技	1425	600095.SH	哈高科	1147	002311.SZ	海大集团	112	002495.SZ	佳隆股份	46
000716.SZ	南方食品	1418	000798.SZ	中水渔业	1147	600084.SH	中葡股份	112	000019.SZ	深深宝A	44
600559.SH	老白干酒	1405	600866.SH	星湖科技	1143	000713.SZ	丰乐种业	112	000930.SZ	中粮生化	44
000798.SZ	中水渔业	1405	002330.SZ	得利斯	1132	002447.SZ	壹桥海参	112	200019.SZ	深深宝B	44
002461.SZ	珠江啤酒	1397	600127.SH	金健米业	1132	002041.SZ	登海种业	112	000729.SZ	燕京啤酒	43
600735.SH	新华锦	1389	000893.SZ	东凌粮油	1127	000639.SZ	西王食品	110	002329.SZ	皇氏乳业	43

股票代码	企业名称	柔性总和	股票代码	企业名称	产品柔性	股票代码	企业名称	生产柔性	股票代码	企业名称	供应柔性
002387.SZ	黑牛食品	1379	002461.SZ	珠江啤酒	1124	002329.SZ	皇氏乳业	108	600537.SH	亿晶光电	43
002495.SZ	佳隆股份	1379	600467.SH	好当家	1110	600095.SH	哈高科	108	000639.SZ	西王食品	42
000860.SZ	顺鑫农业	1374	600305.SH	恒顺醋业	1084	002548.SZ	金新农	107	000998.SZ	隆平高科	42
600600.SH	青岛啤酒	1366	000860.SZ	顺鑫农业	1084	600073.SH	上海梅林	107	002515.SZ	金字火腿	41
600095.SH	哈高科	1364	600559.SH	老白干酒	1077	600186.SH	莲花味精	104	000663.SZ	永安林业	40
000568.SZ	泸州老窖	1362	002495.SZ	佳隆股份	1064	000735.SZ	罗牛山	104	000796.SZ	易食股份	39
600305.SH	恒顺醋业	1358	000568.SZ	泸州老窖	1052	000019.SZ	深深宝A	102	002330.SZ	得利斯	38
002200.SZ	云投生态	1351	600597.SH	光明乳业	1052	200019.SZ	深深宝B	102	002200.SZ	云投生态	38
600597.SH	光明乳业	1326	002143.SZ	高金食品	1050	600197.SH	伊力特	102	002041.SZ	登海种业	38
600965.SH	福成五丰	1324	600197.SH	伊力特	1048	300143.SZ	星河生物	101	600506.SH	香梨股份	38
000858.SZ	五粮液	1320	002304.SZ	洋河股份	1045	600305.SH	恒顺醋业	100	000798.SZ	中水渔业	36
600084.SH	中葡股份	1320	002041.SZ	登海种业	1043	000702.SZ	正虹科技	99	600540.SH	新赛股份	36
600537.SH	亿晶光电	1320	600965.SH	福成五丰	1038	000929.SZ	兰州黄河	99	000893.SZ	东凌粮油	33
600779.SH	水井坊	1315	300143.SZ	星河生物	1038	600059.SH	古越龙山	98	300149.SZ	量子高科	33
000663.SZ	永安林业	1309	600199.SH	金种子酒	1036	600597.SH	光明乳业	98	600354.SH	敦煌种业	33
600199.SH	金种子酒	1304	000663.SZ	永安林业	1034	000930.SZ	中粮生化	97	300143.SZ	星河生物	32
002041.SZ	登海种业	1302	600298.SH	安琪酵母	1022	000869.SZ	张裕A	95	000568.SZ	泸州老窖	31
002447.SZ	壹桥海参	1288	600090.SH	啤酒花	1016	200869.SZ	张裕B	95	000716.SZ	南方食品	31
000639.SZ	西王食品	1284	000639.SZ	西王食品	1015	000860.SZ	顺鑫农业	92	600059.SH	古越龙山	31
000930.SZ	中粮生化	1281	600600.SH	青岛啤酒	1013	600809.SH	山西汾酒	91	600127.SH	金健米业	30
000799.SZ	酒鬼酒	1275	000799.SZ	酒鬼酒	1012	600962.SH	国投中鲁	91	600962.SH	国投中鲁	30

续表

股票代码	企业名称	柔性总和	股票代码	企业名称	产品柔性	股票代码	企业名称	生产柔性	股票代码	企业名称	供应柔性
002304.SZ	洋河股份	1273	600084.SH	中葡股份	1012	200992.SZ	中鲁B	91	200992.SZ	中鲁B	30
300143.SZ	星河生物	1273	000929.SZ	兰州黄河	1004	000568.SZ	泸州老窖	88	600132.SH	重庆啤酒	29
002143.SZ	高金食品	1272	300149.SZ	量子高科	1001	300149.SZ	量子高科	86	000529.SZ	广弘控股	28
600197.SH	伊力特	1269	000930.SZ	中粮生化	999	600735.SH	新华锦	86	600298.SH	安琪酵母	28
600298.SH	安琪酵母	1267	600779.SH	水井坊	999	600506.SH	香梨股份	85	600305.SH	恒顺醋业	28
600265.SH	ST景谷	1265	000858.SZ	五粮液	994	000048.SZ	康达尔	84	300175.SZ	朗源股份	27
300149.SZ	量子高科	1264	000895.SZ	双汇发展	969	002387.SZ	黑牛食品	82	600559.SH	老白干酒	27
002515.SZ	金字火腿	1259	002515.SZ	金字火腿	963	300175.SZ	朗源股份	80	000848.SZ	承德露露	26
000895.SZ	双汇发展	1253	600537.SH	亿晶光电	960	995	ST皇台	80	600300.SH	维维股份	26
000929.SH	兰州黄河	1210	300175.SZ	朗源股份	957	002286.SZ	保龄宝	79	600735.SH	新华锦	26
600090.SH	啤酒花	1197	600186.SH	莲花味精	955	600779.SH	水井坊	79	000858.SZ	五粮液	25
995	ST皇台	1197	995	ST皇台	948	002234.SZ	民和股份	78	002461.SZ	珠江啤酒	24
600059.SH	古越龙山	1191	002447.SZ	壹桥海参	939	600238.SH	海南椰岛	77	600616.SH	金枫酒业	24
600132.SH	重庆啤酒	1184	600702.SH	沱牌舍得	933	600543.SH	莫高股份	77	995	ST皇台	24
600702.SH	沱牌舍得	1171	600543.SH	莫高股份	928	600702.SH	沱牌舍得	77	600702.SH	沱牌舍得	23
600186.SH	莲花味精	1170	600265.SH	ST景谷	926	600097.SH	开创国际	77	600809.SH	山西汾酒	23
300175.SZ	朗源股份	1164	600059.SH	古越龙山	915	002304.SZ	洋河股份	76	000799.SZ	酒鬼酒	22
600543.SH	莫高股份	1152	600506.SH	香梨股份	908	000799.SZ	酒鬼酒	75	600573.SH	惠泉啤酒	22
600506.SH	香梨股份	1130	600132.SH	重庆啤酒	896	000716.SH	南方食品	74	600090.SH	啤酒花	21
600365.SH	通葡股份	1111	000596.SZ	古井贡酒	881	600257.SH	大湖股份	72	000929.SZ	兰州黄河	20
200869.SZ	张裕B	1096	200596.SZ	古井贡B	881	000848.SZ	承德露露	71	600365.SH	通葡股份	20

续表

股票代码	企业名称	柔性总和	股票代码	企业名称	产品柔性	股票代码	企业名称	生产柔性	股票代码	企业名称	供应柔性
002234.SZ	民和股份	1089	600616.SH	金枫酒业	867	600199.SH	金种子酒	71	002286.SZ	保龄宝	19
600616.SH	金枫酒业	1082	600695.SH	大江股份	855	000796.SZ	易食股份	70	002387.SZ	黑牛食品	19
000596.SZ	古井贡酒	1076	600695.SH	绿庭投资	855	600090.SH	啤酒花	70	600095.SH	哈高科	19
200596.SZ	古井贡B	1076	002234.SZ	民和股份	850	600365.SH	通葡股份	68	600186.SH	莲花味精	19
600257.SH	大湖股份	1074	600257.SH	大湖股份	847	002216.SZ	三全食品	63	000752.SZ	西藏发展	18
600809.SH	山西汾酒	1042	600365.SH	通葡股份	846	600616.SH	金枫酒业	63	002143.SZ	高金食品	18
600962.SH	国投中鲁	1013	600573.SH	惠泉啤酒	824	600573.SH	惠泉啤酒	60	000596.SZ	古井贡酒	17
200992.SZ	中鲁B	1013	600191.SH	华资实业	820	002200.SZ	云投生态	59	002304.SZ	洋河股份	17
600573.SH	惠泉啤酒	996	200869.SZ	张裕B	816	600519.SH	贵州茅台	58	200596.SZ	古井贡B	17
600695.SH	大江股份	992	600962.SH	国投中鲁	815	000596.SZ	古井贡酒	50	600519.SH	贵州茅台	17
600695.SH	绿庭投资	992	200992.SZ	中鲁B	815	200596.SZ	古井贡B	50	600191.SH	华资实业	15
600519.SH	贵州茅台	965	000752.SZ	西藏发展	793	000752.SZ	西藏发展	47	600238.SH	海南椰岛	14
000752.SZ	西藏发展	945	600809.SH	山西汾酒	785	600695.SH	大江股份	47	600197.SH	伊力特	12
000848.SZ	承德露露	932	000848.SZ	承德露露	756	600695.SH	绿庭投资	47	600097.SH	开创国际	11
600191.SH	华资实业	929	600519.SH	贵州茅台	709	600191.SH	华资实业	46	600695.SH	大江股份	6
600097.SH	开创国际	874	600097.SH	开创国际	706	002143.SZ	高金食品	37	600695.SH	绿庭投资	6